たったこれだけで
びっくりするほど
おいしくなるコツ
教えます

金澤光久

信濃毎日新聞社

Introduction

家庭で料理をする場合、高価な食材をふんだんに使ったり、

長時間かけて煮込んだりすることはなかなかできません。

それよりも、簡単で素早くおいしくでき、

食卓が彩り豊かになれば最高なことですよね。

私は西洋料理のおいしさに魅了され、料理人になりました。

ふだん仕事で考案しているレシピと違い、

家庭用レシピは手に入りやすい食材や調味料で作ることが基本。

それでも、料理の基本ベースは同じだと思っています。

一番大切なのは、シンプルな料理であっても、

工程の中で手抜きをしてはいけないポイントが必ずあることです。

言い換えると、高価な食材でなくても、

そうした肝心なポイントを理解して作れば、

魔法のように格別においしくなるのです。

そんなことを考えながら、ポイントを細かく分かりやすく書きました。

この本は、これさえ知っていればびっくりするほどおいしくなる

プロのコツをご紹介しています。

シンプルでベーシックなレシピに組み合わせるソースや具材を変えるだけで、

レパートリーは無限に広がります。

さあ、ちょっとしたコツを覚えて、おいしい料理を楽しみましょう。

金澤光久 Chef Pierre

Contents

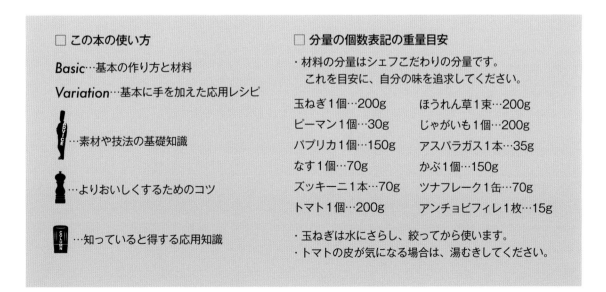

□ この本の使い方

Basic…基本の作り方と材料

Variation…基本に手を加えた応用レシピ

…素材や技法の基礎知識

…よりおいしくするためのコツ

…知っていると得する応用知識

□ 分量の個数表記の重量目安

・材料の分量はシェフこだわりの分量です。
　これを目安に、自分の味を追求してください。

玉ねぎ1個…200g	ほうれん草1束…200g
ピーマン1個…30g	じゃがいも1個…200g
パプリカ1個…150g	アスパラガス1本…35g
なす1個…70g	かぶ1個…150g
ズッキーニ1本…70g	ツナフレーク1缶…70g
トマト1個…200g	アンチョビフィレ1枚…15g

・玉ねぎは水にさらし、絞ってから使います。
・トマトの皮が気になる場合は、湯むきしてください。

Meat and Fish

メインディッシュの代表、肉と魚。
シェフ直伝のステーキとムニエル、
これ以上はないほどジューシーなハンバーグを焼きましょう。
ソースアレンジは 18 種類。多彩な味が楽しめます。

Steak

ステーキとは、厚切りした肉などを焼いた料理のこと。
肉の味と旨味そのものをダイレクトに感じられる最高の調理法です。

Basic

■材料（2人分）
肉……2枚
塩＆胡椒……少々
オリーブオイル……20cc
無塩バター……20g

ひとくちにステーキといっても、焼き方によって仕上がりの味に大き
な差が出やすいので、挑戦しがいのある調理法です。
焼くだけなのでシンプルなようですが、肉の種類と部位、赤身と脂身
のバランス、カットした厚さによって、焼き方が変わります。

🍳 ロース肉など筋がある肉は—

焼くと繊維質が急に縮み、反り返ってうまく焼くことができません。あらか
じめ切れ目を入れておきましょう。

🍳 赤身肉など比較的かたい部位の肉は—

フォークで全体を刺して肉の繊維質を切り、やわらかい食感にしておきます。
穴を空けると肉汁が出やすくなるので、お好みの焼き上がりに合わせて、穴
の量を調節します。

　　・かたい部位
　　　牛肉：赤身もも、肩ロース、リブロース、外国産サーロインなど
　　　豚肉：肩ロース、ロース
　　　鶏肉：もも、手羽先、手羽元
　　・やわらかい部位
　　　牛肉：霜降り、ヒレ、国産サーロインなど
　　　豚肉：ヒレ、バラ
　　　鶏肉：むね、ささみ

🍳 脂身が多い肉や霜降り肉は—

焼いている間に肉から脂が溶け出てくるので、オイルは少なめにします。脂
身は赤身より熱の入り方が遅いので、脂身があればそこから焼き始めます。
鶏肉の黄色い脂は焼くと臭みが出るので、切り落としておきましょう。

フライパンで焼くのが主流ですが、炭火を使ってのバーベキューなど金網
を使った直火焼きもおすすめです。
手に入りやすい牛肉、豚肉、鶏肉をおいしく焼いて食べましょう。

1 焼き始める30分〜1時間前に冷蔵庫から出して常温に戻す。
肉の表面に出た水分はキッチンペーパーで取る。

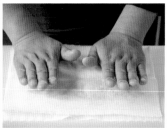

肉を常温に戻すのは、冷気を残さないため。残っていると、焼き色が付いても中は生焼けのままになります。

2 肉全体を叩いて同じ厚さにする。筋には切れ目を入れる。

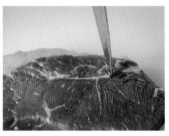

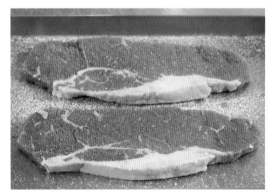

3 焼く直前、表と裏に同量の塩＆胡椒をする。

塩は高いところから振ると広がって全体にかかるので、高さ30cmくらいから均一に振りましょう。塩をしてから焼くまでの時間が長いと、肉の旨味と水分が出てしまうので注意！

4 フライパンにオリーブオイルを入れてから火を付け、肉2枚を重ねて、脂身から全側面を中火で焼き固める。

分厚いステーキ肉は低温のフライパンに投入し、徐々に温度を上げながら中火でじっくり焼きます。肉が薄めの時はフライパンの温度が上昇してから肉を入れてサッと焼くことで、かたくなるのを防げます。

5 側面が焼けたら表になる方から中火で焼き、全体的に白くソフトに焼き膜がついたら、余分な油をキッチンペーパーで吸い取る。

ステーキは全面をこんがりと焼いて、肉汁を閉じ込めましょう。時々フライパンを揺すってオイルが肉や皮の下側に入れるようにします。

6 全面に焼き色がついたら、無塩バターを加えてそのまま焼いて、香ばしい風味をつける。

霜降り肉などの脂身のある肉は、バターを少しにするか、加えなくてもOKです。

7 周囲に火が通ったら裏返し、弱火で20秒ほど焼いたら火を止める。

肉は余熱で加熱が進むので、中心部分までゆっくりじっくり加熱されて、しっとりやわらかくジューシーに仕上がります。厚さが3cm以上ある肉は、火を止めたらアルミホイルに包み、お好みの焼き加減にしましょう。表面に少し肉汁が浮いてきたくらいが食べどきです。

 ## 鶏肉の焼き方

鶏肉は皮面から、皮を焼き固めるようなイメージで焼きましょう。低温から徐々に温度を上げ、中火でじっくりと焼き色をつけるのはステーキと同じです。

皮を焼く時は、時々フライパンを揺すってオイルが皮の下側に入るようにします。

皮面に焼き色がついたら、裏返して余分な油をキッチンペーパーで吸い取り、無塩バターを加えます。そのまま少し焼き、香ばしい風味をつけます。

Hamburg steak

ハンバーグとは、挽き肉をこねて形を整え、焼き上げる料理です。
みじん切りの玉ねぎや卵に加え、シェフが使うのは麩。
探り当てた絶妙な配合と、やわらかい食感に驚きを隠せません。

Basic

■材料（2人分）
合い挽き肉（牛肉7：豚肉3）……220g
塩（ミネラルたっぷりなもの）……3つまみ
ウスターソース……15cc
玉ねぎ（細かいみじん切り）……1/2個
卵……1個
※ほかに（詳細は次ページ）
　牛乳、砕いた麸、オリーブオイル、黒胡椒、水

ふんわりした舌触りと肉汁たっぷりのジューシーさがハンバーグの命。水分を逃がさず、よりジューシーにするためのパン粉や麸。加熱で固まる卵は、肉同士のつなぎとしてふんわり仕上げるのに欠かせず、ナツメグや黒胡椒など香辛料の風味が食欲を増します。

ハンバーグの味わいを左右する鍵は玉ねぎです。炒めたり、生のまま使ったりするだけでも、味わいは大きく変わります。

そもそもハンバーグに玉ねぎを入れるのは、焼いているときに玉ねぎから出る水分が肉をしっとりさせ、かたくしにくい効果があるからです。

玉ねぎは出来るだけ細かいみじん切りにしましょう。玉ねぎが大きく、肉の隙間が多く大きくなるほど、玉ねぎの水分で割れる可能性が高くなります。

タネはよく練って、水分をしっかり閉じ込めてください。塩を加えて肉の粘りを引き出し、具材の一体化を図ります。

材料の特徴や役割を理解して、よりおいしいハンバーグを作りましょう。

🧅 生のままの玉ねぎだと——

ジューシーでさっぱりと仕上がります。炒める時間がないので、素早くハンバーグを作れるのも大きなメリットです。

ただ、水分が多いので、火が入った時にハンバーグが割れて、肉汁が流れ出てしまわないように注意する必要があります。

焼く時は強火で、またはオーブンなどで短時間で火を入れて、水分を閉じ込めましょう。そのために、焼く前のタネは常温に近い温度で放置し、冷気を逃がしておくことがポイントです。

🧅 玉ねぎを炒めると——

コクと奥行きのある味わいに仕上がります。

炒める時は少量の油と塩を加え、焦がさないように、じっくりゆっくり、玉ねぎの水分を利用しながら炒めましょう。

玉ねぎの辛み成分が飛んで、だんだん透き通ってくるのと同時に、どんどん香ばしさと甘みが深くなって、独特のおいしさに仕上がります。

炒めた玉ねぎは生のままより水分が少ないので、ハンバーグが割れにくくなる特徴もあります。

Basic 1 ［生の玉ねぎを使う］

■材料（2人分）

合い挽き肉……220g
塩……3つまみ
ウスターソース……15cc
玉ねぎ（みじん切り）……1/2個
オリーブオイル……10cc

砕いた麩……10g（or パン粉…20g）
黒胡椒……少々
ナツメグ……少々
卵……1個
牛乳……20cc
水（蒸し焼き用）……20cc

1 ボールに肉、塩、ウスターソースを入れ、粘りが出るまで混ぜ合わせる。

肉は塩と一緒に練ることで粘りが出て、旨味が逃げにくくなります。
ウスターソースのスパイシーさはここで肉に染み込みます。

2 **1**に残りの材料を加え、できるだけ素早く混ぜ合わせる。

麩やパン粉を入れすぎると肉汁を吸い過ぎ、逆に少ないと肉汁が出てしまうので、きちんと計りましょう。
やわらかい特殊なタネなので、長く混ぜ合わせていると、手の熱でどんどんやわらかくなるため、できるだけさっと混ぜます。

Basic 2 ［玉ねぎを炒める］

■材料（2人分）

オリーブオイル……10cc
玉ねぎ（みじん切り）……1/2個
牛乳……40cc
砕いた麩……5g（or パン粉……10g）
黒胡椒……少々

ナツメグ……少々
卵……1個
合い挽き肉……220g
塩　……1つまみ
ウスターソース……15cc
水（蒸し焼き用）……20cc

1 フライパンにオリーブオイルを入れ、玉ねぎをじっくりと炒める。

2 ボールに**1**を入れ、冷たい牛乳を入れて玉ねぎの粗熱をとる。

3 **2**に麩　黒胡椒、ナツメグ、卵を加えて混ぜ合わせてから、別の器に移す。

4 **3**のボールを洗わずに肉を入れ、塩、ウスターソースを加えて、粘りが出るまで混ぜ合わせる。

5 **4**に**3**を加え、できるだけ素早く混ぜ合わせる。

焼き方 ［Basic 1&2 共通］

1 手に水をつけ、タネを素早く成型（2～4等分）しながらフライパンに置き、それから点火して中火で焼く。

中心部に凹みをつけたりパンパン叩いて空気を抜いたり、フライパンに油を敷く必要はありません。

2 裏が焼けたらフライパンの縁を使ってひっくり返し、中火で1分焼く。

表の縁が白くなったら裏に焼き色が付いたサイン。長時間熱を加えると、どんどん肉汁が出てきてしまうため、中火～やや強火で素早く加熱します。

3 水20ccを加えたらふたをして、中火で蒸し焼きにする。2分たったら火を止めて、ふたをしたまま5分休ませたら、すぐに盛り付ける。

Meuniere

ムニエルとは、魚に小麦粉をまぶして焼くフランス料理の技法。
小麦粉が旨味を閉じ込め、香ばしくこんがりと仕上がります。

Basic

■材料（2人分）
魚の切り身……2切
塩＆胡椒……少々
薄力粉……少々
オリーブオイル……20cc
無塩バター……30g

フレンチの基本ではバターだけで焼きますが、先にオリーブオイルで焼いてから途中でバターを加えるとさっぱりと焼き上がります。
余分な脂身の臭みが溶け出したら、ペーパーでふき取ってからバターを。そのひと手間で一層おいしくなります。

1 切り身の裏表に塩＆胡椒で下味をつけて10分寝かせたら、焼く直前に薄力粉をまぶす。

薄力粉は魚の水分でベタつかないように、焼く直前にまぶします。余分に付いた粉を落とし、薄く均一にして焼くとよりカリッと焼けます。

2 フライパンにオリーブオイルを入れ、1を置いてから点火して、弱火から徐々に中火にして焼く。途中でバターを加えてさらに焼く。

小麦粉をまぶすと焦げやすいので強火にはしないこと。魚は皮面からじっくり焼いて、皮と身の間にある脂身の臭みが溶け出したら、ペーパーでふき取ってからバターを加えます。

3 溶けたバターをスプーンですくい、魚にかけながら香ばしく焼き上げる。

盛りつける前に、いったんキッチンペーパーや網の上に置いて油を切ってカリッと仕上げます。

Sauce variation

ご紹介するソースは 18 種類。
味と香りを楽しむものから、野菜がたっぷり取れるものまで、
お好きなソースで肉と魚を楽しみましょう。

万能ソース
赤身から霜降り肉、鶏はもも肉や手羽まで幅広く合います。どんな魚もOKです。

濃厚ソース
淡泊な素材に合うソースです。牛赤身や豚ロース、鶏むね肉やささみなど脂身の少ないものに。魚はすべておすすめ。

変わり種ソース
鶏むね肉やささみ、豚ロースなど食感のやさしい白身肉に。ハンバーグは鶏挽き肉がおいしいです。

[万能ソース] *All-purpose sauce*

Variation 1

ワインバターソース

■材料（2人分）
白ワイン（辛口）or 赤ワイン（濃いめ）……30cc
無塩バター……20g
粒マスタード……適量
ロ　ズマリー（みじん切り）……少々
レモン汁……少々
塩……少々
粗挽きブラックペッパー……少々

1 肉や魚を焼いたフライパンにワインを入れ、残った旨味を洗うように沸かし、アルコールを飛ばして火を止める。

2 バターを少しずつ加え、マヨネーズを作るように余熱で乳化させる。

3 粒マスタード、ローズマリー、レモン汁を加えて混ぜ合わせ、塩で味を調える

4 肉や魚にかけてから、粗挽きブラックペッパーを振りかける。

粒マスタードソース

■材料（2人分）
オリーブオイル……10cc
にんにく（みじん切り）……1/2 片
ベーコン（みじん切り）……10 g
タイム（みじん切り）……お好みで
デミグラスソース……30g
生クリーム……5cc
粒マスタード……適量
塩&胡椒……少々

Variation 2

1 肉や魚を焼いたフライパンにオリーブオイル、にんにく、ベーコンを入れ、にんにくがキツネ色になるまで弱火で炒め、お好みでタイムを加える。

2 デミグラスソースと生クリームを加えて少し煮詰めたら濃度と味を調え、仕上げに粒マスタードを加える。

> にんにくを炒めるとき、見た目がキツネ色になり、生のにんにくの臭いが香ばしい香りに変わるのが、次の工程に進む目安です。

バターポン酢ソース

■材料（2人分）
オリーブオイル……10cc
にんにく（みじん切り）……1/2 片
ベーコン（みじん切り）……15 g
ローズマリー（みじん切り）……お好みで
ポン酢……10cc
無塩バター……15g
トマト（種を取って角切り）……15g
ケッパー酢漬け……5g
塩&胡椒……少々

Variation 3

1 肉や魚を焼いたフライパンにオリーブオイル、にんにく、ベーコンを入れ、にんにくがキツネ色になるまで弱火で炒め、お好みでローズマリーを加える。

2 ポン酢を入れて火を止め、バターを少しずつ加え、マヨネーズを作るように余熱で乳化させる。

3 トマト、ケッパーを加えて混ぜ合わせ、塩&胡椒で味を調える。

バター醤油ソース

■材料（2人分）
無塩バター……30g
にんにく（みじん切り）……1 片
ベーコン（みじん切り）……15 g
タイム（みじん切り）……お好みで
しょうゆ……5cc
アボカド（角切り）……15g
トマト（種を取って角切り）……15g
ケッパー酢漬け……10g
黒オリーブ（薄切り）……4 粒
パセリ（粗みじん切り）……適量
塩&胡椒……少々

Variation 4

1 肉や魚を焼いたフライパンに無塩バター、にんにく、ベーコンを入れ、にんにくがキツネ色になるまで弱火で炒める。

2 しょうゆを加えて混ぜ合わせ、お好みでタイム加えて火を止める。

3 アボカド、トマト、ケッパー、黒オリーブ、パセリを加えて混ぜ合わせ、塩&胡椒で味を調える。

アボカドマヨソース

■材料（2人分）
にんにく（すりおろし）……少々
練りマスタード……少々
マヨネーズ……30g
牛乳……10cc
しょうゆ……少々
アボカド（裏ごし）……1/ 2個
塩&胡椒……少々
オリーブオイル……5cc
ベーコン（みじん切り）……15 g

Variation 5

1 ボールに、にんにく、マスタード、マヨネーズ、牛乳、しょうゆ、アボカドを加えて混ぜ合わせ、塩&胡椒で味を調える。

2 フライパンにオリーブオイルとベーコンを入れ、弱火でじっくりベーコンの香りをオリーブオイルに移したら、1に加えて混ぜ合わせる。

春菊のシャリアピンソース

■材料（2人分）
オリーブオイル……20cc
玉ねぎ（みじん切り）……100g
無塩バター……20g
春菊（下ゆでしてみじん切り）……40g
塩&胡椒……少々

1 フライパンにオリーブオイルと玉ねぎを入れ、塩&胡椒して、じっくりと透き通るように炒めていく。

2 肉や魚を焼いたフライパンに無塩バターを入れ、春菊を炒めて塩&胡椒をする。

3 2に1を加えて混ぜ合わせて味を調える。

Variation 6

玉ねぎは焦がさないようにゆっくりと炒めて、甘味を出しましょう。塩&胡椒によって玉ねぎから水分が出るので、その水分で蒸し焼きにします。

サルサソース

■材料（2人分）
フルーツトマト（種を取って角切り）……40g
玉ねぎ（みじん切りにして水にさらす）……20g
セロリ（小角切り）……10g
ピーマン（小角切り）……10g
にんにく（すりおろし）……少々
三つ葉 or 大葉（粗みじん切り）……お好みで
トマトケチャップ……20g
オリーブオイル……10cc
レモン汁……少々　タバスコ……少々
コニャック（ブランデー）……お好みで
塩&胡椒　少々

1 ボールに塩&胡椒を以外のすべてを加えて混ぜ合わせる。

2 塩&胡椒で味を調える。

Variation 7

ラタトゥイユソース

■材料（2人分）
オリーブオイル……30cc
にんにく（丸のまま潰す）……1/2 片
アンチョビフィレ（みじん切り）……1 本
玉ねぎ（角切り）……40g
赤&黄パプリカ（角切り）……各 1/8 個
ピーマン（角切り）……1/2 個
なす（角切り）……1/2 個
ズッキーニ（種を取って角切り）……1/2 本
カットトマト缶……120cc
しょうゆ……少々　　塩&胡椒……少々
タイム、ローリエ、ローズマリなど……お好みで
バジルソース……お好みで（27p 参照）

1 肉や魚を焼いたフライパンにオリーブオイル、にんにく、アンチョビを入れ、にんにくがキツネ色になるまで弱火で炒める。

2 玉ねぎを加えて透き通るくらいに炒めたら、パプリカ、ピーマン、なす、ズッキーニを塩で下味をつけながら炒める。

3 トマトと隠し味程度のしょうゆを加えて味を調える。

4 お好みでタイム、ローリエ、ローズマリーなどを入れ、ふたをして 15 ～ 20 分弱火で煮る。

Variation 8

ラタトゥイユのおいしさは、野菜の炒め方で決まります。じっくりゆっくり塩で下味をしながら、野菜から出る水分で蒸し焼きにしましょう。塩分の強いアンチョビとしょうゆを加えず、下味の塩加減に注意すれば、基本のラタトゥイユになります。ラタトゥイユは一晩休ませると、味がまとまって数段おいしくなります。冷製もおすすめ。

[濃厚ソース] *Rich sauce*

Variation 1

焦がしバターソース
（ブール・ノワゼット）

■材料（2人分）
無塩バター……40g
塩……少々
レモン汁……1cc
パセリ（みじん切り）……適量

1 肉や魚を焼いたフライパンに無塩バターを入れ、キツネ色になるまで焦がす。

2 *1* の途中、塩を少々入れ、香ばしい香りが出たところで火を止める。レモン汁を一気に加えて混ぜ合わせたら、パセリを入れる。

バターが薫るブール・ノワゼット

ブールはバター、ノワゼットはヘーゼルナッツを意味するフランス料理の王道ソース。ナッツが入ってないのに、ヘーゼルナッツ色をした香ばしいバターソースという意味です。
シンプルですが、焦がしバターの香りを出す熱の入れ具合、

塩加減など、作り手によって味が違うのが特徴。バターをキツネ色に焦がすのは香ばしさを楽しむためですが、焦がし過ぎると香りの頂点を越えてしまうので注意が必要です。

最初は強火、バターから泡が出てきたら中火以下に。
泡がフワフワと持ち上がってきたら、フライパンを揺すりながら空気を入れて、焦げ具合を見ながらレモン汁を加えるタイミングを待ちます。
レモン汁を加えると「ジュジュ〜」っと音が出て、水分と油分が混ざって少し跳ねますが、怖がらずに素早く全体に混ぜ合わせましょう。焦げ具合が進まないよう、ソースの温度を一定に保つのもポイントです。
塩は味見しながら入れることができないため、塩加減の着地点はあくまでも予測。何度か試してみて、お好みの加減を見つけてください。

Variation 2

きのこのクリームソース

■材料（2人分）
オリーブオイル……20cc
にんにく（みじん切り）……1/2片
ベーコン（拍子木切り）……15 g
きのこ（お好みの種類）……60g
タイム（みじん切り）……お好みで
玉ねぎ（みじん切りにして水にさらす）……10g
パセリ（粗みじん切り）……適量
デミグラスソース…… 60g
生クリーム…… 5cc
塩＆胡椒 ……少々

1 肉や魚を焼いたフライパンにオリーブオイル、にんにく、ベーコンを入れ、にんにくがキツネ色になるまで弱火で炒める。

2 きのこを加え、焦がさないよう強火で焼き色をつけながら香りを出すように焼き、お好みでタイムを加える。

3 玉ねぎ、パセリを加えて混ぜ合わせ、デミグラスソースと生クリームを入れて、きのこの香りをクリームに閉じ込める。

4 塩＆胡椒で味を調える。

タルタルソース

■材料（2人分）
マヨネーズ……40g
牛乳……10cc
ゆで卵（粗く切る）……1 個
ピクルス（角切り）……15g
玉ねぎ（みじん切りにして水にさらす）……15g
パセリ（粗みじん切り）……10g
オリーブオイル……5cc
にんにく（みじん切り）……少々
ベーコン（みじん切り……10 g
タイム or ローズマリー（粗みじん切り）……お好みで
レモン汁……少々
塩＆胡椒……少々

Variation 3

1 ボールに、マヨネーズ、牛乳、ゆで卵、ピクルス、玉ねぎ、パセリを加えて混ぜ合わせる。

2 肉や魚を焼いたフライパンにオリーブオイル、にんにく、ベーコンを入れ、にんにくがキツネ色になるまで弱火で炒め、お好みでタイム or ローズマリーを加えて火を止める。

3 **2**を**1**に加えて素早く混ぜ合わせ、レモン汁、塩＆胡椒で味を調える。

トマトソース

■材料（2人分）
オリーブオイル……20cc
にんにく（みじん切り）……1片
ベーコン（拍子木切り）……15g
カットトマト缶……60cc
オレガノ……お好みで
黒オリーブ（薄切り）……4粒
ケッパー酢漬け……10g
塩＆胡椒……少々
バジルソース……お好みで（27p 参照）

1 肉や魚を焼いたフライパンに、オリーブオイル、にんにく、ベーコンを入れ、にんにくがキツネ色になるまで弱火で炒める。

2 トマトを加え、お好みでオレガノ、黒オリーブ、ケッパーを入れ、少し煮詰めて味を調える。

3 肉や魚に**2**と、お好みでバジルソースをかける。

Variation 4

木の実ソース

Variation 5

■材料（2人分）
オリーブオイル……20cc
にんにく（みじん切り）……1片
ベーコン（みじん切り）……15g
アスパラ（下ゆでし小さく長角切り）……1本
赤パプリカ（小さく角切り）……1/8個
ミックスナッツ（粗く砕く）……20g
パセリ（粗みじん切り）……少々
タイム（みじん切り）……少々
塩＆胡椒……少々
バジルソース……お好みで（27p 参照）

1 肉や魚を焼いたフライパンに、オリーブオイル、にんにく、ベーコンを入れ、にんにくがキツネ色になるまで弱火で炒める。

2 アスパラ、赤パプリカ、ナッツ、パセリ、タイムを加え、塩＆胡椒で味を調える。

3 肉や魚に**2**と、お好みでバジルソースをかける。

Variation 6

ガーリックとバジルの 2色ソース

■材料（2人分）

オリーブオイル……10cc
にんにく（みじん切り）……1片
ベーコン（みじん切り）……10g
タイム（みじん切り）……お好みで
生クリーム……50cc
塩＆胡椒……少々
バジルソース……適量（下記参照）

1 肉や魚を焼いたフライパンにオリーブオイル、にんにく、ベーコンを入れ、にんにくがキツネ色になるまで弱火で炒め、お好みでタイムを加える。

2 生クリームを加えて少し煮詰め、濃度と味を調える。

3 肉や魚に **2** と、バジルソースをかける。

アレンジの幅が広がるバジルソース

サラダをはじめ、炒め物や焼き物など、アレンジの幅を簡単に広げることができる万能ソース。バジルは家庭でも簡単に育ちます。収穫したら早速ソースを作りましょう。
数日中に使い切れる量ならば、ラップして冷蔵保存。大量に作ったら冷凍保存もOK。冷凍保存袋にバジルソースを平らに入れ、空気を抜いて冷凍しておけば、使う分だけ割って使えるので便利です。冷凍すると変色しにくくなりますが、なるべく早めに使い切りましょう。

●作り方（150g分）
洗って水分をよく切ったバジルの葉50g、にんにくのみじんぎり2片分、塩少々をミキサーに入れたら、やっと撹拌できるぐらいの少量のオリーブオイルを入れて、スイッチオン。オリーブオイル150gを少しずつ加えて全体をなじませながらミキサーを回します。
松の実などのナッツ系30gを炒って砕いたものと、粉チーズ30gを一緒に撹拌するとコクが出ます。

岩のり＆和だし
バターソース

■材料（2人分）

日本酒……少々

液体和風だし……5cc

無塩バター……20g

岩海苔（もどす）……適量

塩＆胡椒……少々

1 肉や魚を焼いたフライパンに日本酒を入れ、残った旨味を洗うように沸かし、アルコールを飛ばしたら和風だしを加えて火を止める。

2 バターを少しずつ加え、マヨネーズを作るように余熱で乳化させる。

3 岩海苔を加えて混ぜ合わせ、塩＆胡椒で味を調える。

Variation 1

海苔は香りが飛びやすいので早めに食べます。
和風だしはブランドによって塩分濃度が違うので、味の濃さに注意します。

キャベツ＆柚子胡椒
ソース

■材料（2人分）

オリーブオイル……30cc

にんにく（みじん切り）……1片

アンチョビフィレ（みじん切り）……1本

ベーコン（みじん切り）……15g

キャベツ（小さめの角切り）……1枚（30g）

赤パプリカ（小さめの角切り）……1/8個

白ワイン（辛口）……50cc

柚子胡椒……少々

塩……少々

Variation 2

1 肉や魚を焼いたフライパンに、オリーブオイル、にんにく、ベーコンを入れ、にんにくがキツネ色になるまで弱火で炒める。

2 キャベツ、赤パプリカを加えて、白ワインでフランベして味をまとめる。（フランベは73 p参照）

3 火を止めて、柚子胡椒と塩で味を調える。

柚子胡椒は香りが飛びやすいので再加熱しないこと。

Variation 3

あさりバターソース

■材料（2人分）
オリーブオイル……20cc
にんにく（みじん切り）……1/2 片
ベーコン（みじん切り）……10g
殻付きあさり……100g
白ワイン（辛口）……少々
無塩バター……30g
黒オリーブ（薄切り）……4 粒
ケッパー酢漬け……10g
塩＆胡椒……少々
バジルソース……お好みで（27p 参照）

1 肉や魚を焼いたフライパンに、オリーブオイル、にんにく、ベーコンを入れ、にんにくがキツネ色になるまで、弱火で炒める。

2 あさりを加えて炒め、白ワインを入れたら、ふたをして蒸し焼きにする。

3 あさりの口が開いたら火を止め、あさりだけを取り出す。

4 3 を少し煮詰めてコクが出たら、火を止める。

5 バターを少しずつ加え、マヨネーズを作るように余熱で乳化させる。

6 黒オリーブとケッパーを入れ、味を調える。

7 肉や魚に **6** と、お好みでバジルソースをかける。

チョコレートソース

■材料（2人分）
カカオ 70%以上のチョコレート（湯煎で溶かす）……5g
マヨネーズ……5g
酢……1cc
しょうゆ……1cc
生クリーム……30cc
おろしわさび……5g
塩……少々

1 全部の材料を混ぜ合わせ、塩で味を調える。

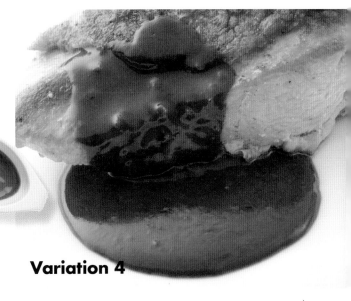

Variation 4

Pasta and sauce

家庭で気楽に作れるパスタ。
おいしく食べるためには、まずゆで方から。
お湯と塩の関係を極めましょう。
ソースベースと具材の組み合わせも無限です

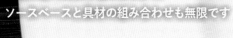

Pasta

麺をおいしくする最大のポイントは塩。
素材の旨味を引き立てて、まろやかな味わいにしてくれる塩が理想です。

Basic

■材料（2人分）
パスタ（乾麺）……200g
湯……3ℓ
岩塩……30g 〜 75g

本場イタリアのパスタは小麦粉を練って作った食品を指します。パスタにはいろいろな形があって、その数はなんと600種を超えるとか！
大まかにはマカロニなどショートパスタと麺状のロングパスタ（＝スパゲッティ）に分けられ、この本では最も馴染みが深いロングパスタを使います。

✓ ゆで時間

パスタの太さや種類によっても違うので、パッケージの表記に従ってゆでるのが鉄則。パスタを鍋に投入後、再沸騰し始めてパスタがお湯に沈んだら時間を計り始めます。しかし、表記の時間はあくまでも目安。麺状のロングパスタは特に、1本ずつ食べながら出来上がりのタイミングを判断してください。

S 塩の役割

パスタをゆでるお湯に塩を入れるのは、パスタにまろやかな下味をつけるためです。ゆでながら浸透する塩は、ゆで上がった後のパスタに塩味をつけるより、やわらかい味わいになります。塩分濃度はお湯の重量の1〜2.5%（お湯1ℓ：塩10〜25g）が目安。私はしっかり下味をつけたいので、一番多い2.5%でゆでています。

パスタの下味におすすめなのは岩塩です。岩塩は地層に閉じ込められた海水が長い時間を経て結晶化したもので、ミネラル成分を残しつつ、にがりが抜けているのが特徴。塩の種類や質に合わせて分量を調整する方がパスタの味にムラが出ません。好きな味わいの塩を探してみてください。

また、デンプン成分をゆでると、水分が浸透してやわらかくなります。塩はその水分の浸透を遅らせ、やわらかくなるのも遅らせる働きをします。つまり、塩分が多いほどパスタの水分量が減り、パスタの重量も軽くなるのです。

やわらか過ぎないアルデンテは、塩分によってパスタを締めてこそ。もし麺をやわらかくゆでたいならば、塩の量を減らし気味に、少し長めにゆでることになります。

Basic [ゆで方]

1 できるだけ深く大きい鍋に、たっぷりの水を入れて沸かす。麺100gに対して水1.5ℓ以上が基本。

なるべく容量に余裕がある鍋を用意します。たっぷりのお湯でゆでると温度が下がりにくく、麺も回遊するのでくっつきにくくなります。麺が鍋底にくっつくと焦げることもあるので、底の薄すぎない鍋を使うこともポイント。

2 火にかけると同時に塩を加える。

塩は最初に入れること。岩塩がゆっくり溶けて、鍋全体にむらなく広がることで、麺にもまんべんなく優しい塩分と旨味が吸収されます。

3 しっかり沸騰した熱湯に麺を投入する。

投入する時は麺の束を軽く絞って持ち、鍋の中心で手を離すと、全体へ放射線状に広がります。

4 強火のまま菜箸でかき回し、2〜3分間、麺同士がくっつかないように軽く混ぜる。

5 再沸騰してきたら、沸かない程度に火力を下げて、鍋の中で麺を回遊させながらゆでる。

回遊せず、麺同士がぶつかり合うとデンプン質が出過ぎてしまうので注意します。

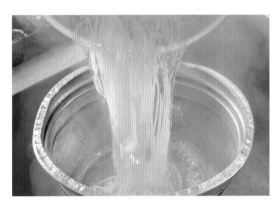

6 ゆで上がったらすぐにザルで湯切りする。

ザルから糸を引くように垂れるゆで汁を一緒にソースに絡められるように、麺がゆで上がるタイミングで、ソースを仕上げるのがポイントです。

ゆで汁は仕上げの調味料のひとつ

本来、混ざらないもの同士が混じり合うことを乳化するといい、料理の世界では水分と油が混ざり合った状態のことをそう呼びます。

ゆで汁をソースに少しずつ混ぜていくと、水分とソースに含まれるオリーブオイルが乳化します。水分と油分が分離せずにとろみが出るため、パスタをサラッとおいしく食べることができるのです。

ゆで上げたばかりのパスタだと、パスタの表面を覆うでんぷん成分がソースにうまく絡み、一層おいしくなります。

ただ、ゆで汁でソースをのばしたり、味を薄くするのが目的ではないので、入れ過ぎないように注意しましょう。多すぎると、水分とオイルが余計に分離してしまいます。

オイルベース、トマトベースのソースにはゆで汁を加えますが、ナポリタンベースはソース自体にとろみがあるので、ゆで汁を混ぜる必要はありません。クリームベースは、オイルベースに混ぜるゆで汁に比べ、少量で十分です。

●ゆで汁の加え方

ソースはパスタのゆで上がりに合わせて仕上げましょう。フライパンのソースに絡めるゆで汁の量は、湯切りのざるから滴る程度が目安。円を描くようにフライパンを揺らしながら、ソースとゆで汁をを回転させて乳化させます。

Sauce variation

ご紹介するアレンジは 28 種類。
4 種類のソースベースに旬の素材を組み合わせれば
どんなソースも思いのままです。

Oil base
[オイルベース]

■材料（2人分）

パスタ（乾麺）……200g	鷹の爪……少々
湯……3ℓ	にんにく（みじん切り）……2片
岩塩……30g 〜 75g	白ワイン（辛口）……40cc
オリーブオイル……60cc	塩&胡椒……少々

1 フライパンにオリーブオイルと鷹の爪、にんにくを入れ、弱火でにんにくがキツネ色になるまで炒める。

にんにくのみじん切りは均一に。キツネ色になるタイミングにバラつきが出ると、にんにくの生の匂いと仕上がった香りが混ざってしまいます。

2 具材を加える時はここで一緒に炒め、それから白ワインを入れてアルコールを飛ばし、塩&胡椒で下味をつける。

すべての具材を炒めてから、仕上げのワインを。ワインの役割は素材の味をまとめることなので、リッチな風味が出ます。
味のスタイルを変えたい時は、ワインを加えた後に。トマトベース（p42 参照）は代表例です。ほかにバジルペースト、イカ墨、柚子胡椒などがおすすめ。

3 併行してパスタをゆでる（Basic**1** 〜 **5**）。パスタがゆで上がったらすぐにザルで湯切りし、**2** にゆで汁を加えて乳化するように絡める。

4 **3** に湯切りしたパスタを混ぜ合わせ盛り付ける。

桜海老＆菜の花＆赤パプリカ

Variation 1

■材料（パスタ以外 / 2人分）
オリーブオイル……60cc
鷹の爪……少々
にんにく（みじん切り）……2片
桜海老……30g
菜の花（下ゆでして長切り）……80g
赤パプリカ（細切り）……1/4個
白ワイン（辛口）……40cc
塩＆胡椒……少々

ベーコン＆たけのこ＆春キャベツ

■材料（パスタ以外 / 2人分）
オリーブオイル……60cc
鷹の爪……少々
にんにく（みじん切り）……2片
ベーコン（拍子木切り）……30g
たけのこ（下処理して薄切り）or たけのこ水煮……12個
春キャベツ（帯状のざく切り）……1枚
白ワイン（辛口）……40cc
塩＆胡椒……少々

Variation 2

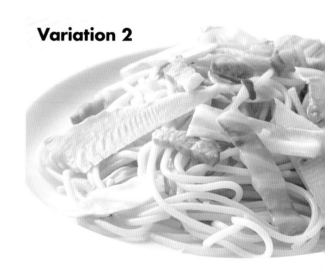

Variation 3

ホタルイカ＆レタス＆トマト

■材料（パスタ以外 / 2人分）
オリーブオイル……60cc
鷹の爪……少々
にんにく（みじん切り）……2片
ボイルホタルイカ……100g
レタス（6等分）……2枚
トマト（湯むきして角切り）……1個
白ワイン（辛口）……40cc
塩＆胡椒……少々

しらす＆枝豆＆とうもろこし

■材料（パスタ以外 / 2人分）
オリーブオイル……60cc
鷹の爪……少々
にんにく（みじん切り）……2片
しらす……50g
枝豆（ゆでる）……30g
とうもろこし（ゆでる or 水煮）……50g
白ワイン（辛口）……40cc
塩＆胡椒……少々

Variation 4

ベーコン＆きのこ＆パセリ

Variation 5

■材料（パスタ以外 / 2人分）
オリーブオイル……60cc
鷹の爪……少々
にんにく（みじん切り）……2片
ベーコン（拍子木切り）……30g
きのこ（一口大）……100g
パセリ（みじん切り）……ひとつまみ
白ワイン（辛口）……40cc
塩＆胡椒……少々

Variation 6

塩鮭＆レンコン＆大葉

■材料（パスタ以外 / 2人分）
オリーブオイル……60cc
鷹の爪……少々
にんにく（みじん切り）……2片
塩鮭（焼いてほぐす）……80g
レンコン（薄切り）……50g
大葉（粗みじん切り）……4枚
白ワイン（辛口）……40cc
塩＆胡椒……少々

Tomato base
[トマトベース]

■材料（2人分）

パスタ（乾麺）……200g	にんにく（みじん切り）……2片
湯……3ℓ	玉ねぎ（みじん切り）……1/2個
岩塩……30g 〜 75g	白ワイン（辛口）……40cc
オリーブオイル……40cc	カットトマト缶……200 g
鷹の爪……少々	塩＆胡椒……少々

1 フライパンにオリーブオイルと鷹の爪、にんにくを入れ、弱火でにんにくがキツネ色になるまで炒めたら、玉ねぎを加える。

2 具材を加える時はここで一緒に炒め、それから白ワインを入れてアルコールを飛ばす。カットトマトを入れて塩＆胡椒で下味をつける。

3 カットトマトを入れて塩＆胡椒で下味をつける。

4 併行してパスタをゆでる（Basic**1**〜**5**）。パスタがゆで上がったらすぐにザルで湯切りし、**2**にゆで汁を加えて乳化するように絡める。

5 **4**に湯切りしたパスタを混ぜ合わせ盛り付ける。

Variation 1

あさり&アスパラ&
赤パプリカ&バジル

■**材料（パスタ以外 / 2人分）**
オリーブオイル……40cc
鷹の爪……少々
にんにく（みじん切り）……2片
玉ねぎ（みじん切り）……1/2個
あさり……250g（殻付き）
アスパラ（下ゆでして長切り）……2本
赤パプリカ（薄切り）……1/4個
バジル（粗みじん切り）……4枚
白ワイン（辛口）……40cc
カットトマト缶……150 g
塩&胡椒……少々

ベーコン&ズッキーニ&
ミニトマト

■**材料（パスタ以外 / 2人分）**
オリーブオイル……40cc
鷹の爪……少々
にんにく（みじん切り）……2片
玉ねぎ（みじん切り）……1/2個
ベーコン（拍子木切り）……30g
ズッキーニ（薄切り）……10 枚
ミニトマト……10 個
バジル（粗みじん切り）……4枚
白ワイン（辛口）……40cc
カットトマト缶……100 g
塩&胡椒……少々

Variation 2

Variation 3

ツナフレーク&ほうれん草

■**材料（パスタ以外 / 2人分）**
オリーブオイル……40cc
鷹の爪……少々
にんにく（みじん切り）……2片
玉ねぎ（みじん切り）……1/2個
ツナフレーク……100g
ほうれん草（下ゆでして長切り）……1/2束
ミニトマト……10 個
バジル（粗みじん切り）……4枚
白ワイン（辛口）……40cc
カットトマト缶……100 g
塩&胡椒……少々

ベーコン&じゃがいも&
ローズマリー

■材料（パスタ以外 / 2人分）
オリーブオイル……40cc
鷹の爪……少々
にんにく（みじん切り）……2片
玉ねぎ（みじん切り）……1/2個
ベーコン（拍子木切り）……30g
じゃがいも（厚切り）……1個
ローズマリー（みじん切り）……1つまみ
白ワイン（辛口）……40cc
カットトマト缶……100 g
塩&胡椒……少々

Variation 4

イカ&セロリ&芽キャベツ

■材料（パスタ以外 / 2人分）
オリーブオイル……40cc
鷹の爪……少々
にんにく（みじん切り）……2片
玉ねぎ（みじん切り）……1/4個
イカ（輪切り）……100g
セロリ（薄切り）……40g
芽キャベツ（下ゆでして4等分）……3個
白ワイン（辛口）……40cc
カットトマト缶……150 g
塩&胡椒……少々

Variation 5

Variation 6

ソーセージ&ブロッコリー

■材料（パスタ以外 / 2人分）
オリーブオイル……40cc
鷹の爪……少々
にんにく（みじん切り）……2片
玉ねぎ（みじん切り）……1/2個
ソーセージ（輪切り）……100g
ブロッコリー（下ゆでして一口大）……100g
白ワイン（辛口）……40cc
カットトマト缶……150g
塩&胡椒……少々

Neapolitan base
[ナポリタンベース]

■材料(2人分)
パスタ(乾麺)……200g
湯……3ℓ
岩塩……30g〜75g
オリーブオイル……40cc
スライスベーコン(拍子木切り)……50g
スライスハム(拍子木切り)……30g
玉ねぎ(薄切り)……1/4個

ケチャップ……30cc
白ワイン(辛口)……60cc
ピーマン(厚めの薄切り)……1個
赤パプリカ(厚めの薄切り)……1/4個
ウスターソース……10cc
デミグラスソース……160cc
塩&胡椒……少々

1 フライパンにオリーブオイルとベーコンを入れて、ベーコンをじっくり炒めたら、ハム、玉ねぎを加える。

2 ケチャップを加えてさらに炒める。具材を加える時はここで一緒に炒め、それから白ワインを入れてアルコールを飛ばす。

> ケチャップを炒めると甘さがコクに変わります。しっかり炒めてケチャップの水分を飛ばし、味を濃縮させましょう。コクが出たところで、ワインで旨味をまとめます。

3 ウスターソースを入れ、さらにデミグラスソースを加える。

4 ピーマンと赤パプリカは炒めずに、余熱で混ぜ合わせる。

5 併行してパスタをゆでる(Basic**1**〜**5**)。ゆで上がったらすぐにザルで湯切りし、**3**に混ぜ合わせ盛り付ける。

> ナポリタンの麺は数分長めにゆでて、少しやわらかめにした方がおいしくなります。ナポリタンベースはもともととろみがあるので、ゆで汁を使って乳化させる必要はありません。

Variation 1

たけのこ＆グリーンピース＆こごみ

■材料（パスタ以外 / 2人分）
オリーブオイル……40cc
スライスベーコン（拍子木切り）……50g
スライスハム（拍子木切り）……30g
玉ねぎ（薄切り）……1/4 個
たけのこ（下処理して薄切り）or たけのこ水煮……12 個
グリーンピース（下ゆで or 冷凍）……40g
こごみ（下ゆでして長切り）……6本
ケチャップ……30cc　　白ワイン（辛口）……60cc
ピーマン（厚めの薄切り）……1個
赤パプリカ（厚めの薄切り）……1/4 個
ウスターソース……10cc　　デミグラスソース……160cc
塩＆胡椒……少々

とうもろこし＆アスパラ＆枝豆

■材料（パスタ以外 / 2人分）
オリーブオイル……40cc
スライスベーコン（拍子木切り）……50g
スライスハム（拍子木切り）……30g
玉ねぎ（薄切り）……1/4 個　　とうもろこし……40g
アスパラ（下ゆでして長切り）……2本
枝豆（下ゆで or 冷凍）……30g
ケチャップ……30cc　　白ワイン（辛口）……60cc
ピーマン（厚めの薄切り）……1個
赤パプリカ（厚めの薄切り）……1/2 個
ウスターソース……10cc
デミグラスソース……160cc　　塩＆胡椒……少々

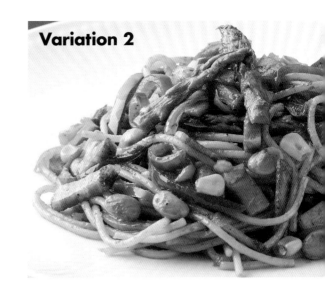

Variation 2

Variation 3

きのこ＆レンコン

■材料（パスタ以外 / 2人分）
オリーブオイル……40cc
スライスベーコン（拍子木切り）……50g
スライスハム（拍子木切り）……30g
玉ねぎ（薄切り）……1/4 個
きのこ（一口大）……100g
レンコン（薄切り）……50g　　ケチャップ……30cc
白ワイン（辛口）……60cc
ピーマン（厚めの薄切り）……1個
赤パプリカ（厚めの薄切り）……1/4 個
ウスターソース……10cc
デミグラスソース……160cc　　塩＆胡椒……少々

Variation 4

かぶ＆カリフラワー＆ 芽キャベツ

■材料（パスタ以外／2人分）
オリーブオイル……40cc
スライスベーコン（拍子木切り）……50g
スライスハム（拍子木切り）……30g
玉ねぎ（薄切り）……1/4 個
かぶ（下ゆでして 12 等分）……1 個
カリフラワー（下ゆでして一口大）……6 片
芽キャベツ（下ゆでして2等分）……3 個
ケチャップ……30cc　　白ワイン（辛口）……60cc
ピーマン（厚めの薄切り）……1 個
赤パプリカ（厚めの薄切り）……1/4 個
ウスターソース……10cc
デミグラスソース……160cc　　塩＆胡椒……少々

ロングパスタとショートパスタ

ロングパスタ＝スパゲッティの種類は太さによって分類します。ソースとの相性も太さによって変わります。ロングパスタの種類を使い分けるといっそうおいしく仕上がります。ロングパスタは次の4種類に分けられます。

1 スパゲットーニ（1.7mm）
モチっとした食感。ソースがよく絡むのでクリーム系・ボロネーゼなどがおすすめ。

2 スパゲッティーニ（1.6mm）
しっかりした食感。トマトソースなど重くないソースとの相性がいい。

3 フェデリーニ（1.4mm）
細めなのでソースがあまり絡みません。軽めのオイル系や冷製パスタ向き。

4 カッペリーニ（0.9mm）
冷製のサラダスパゲッティやスープスパゲッティに相性がよい超細麺。

そのほかに、断面が楕円形のリングイーネ（2〜3mm）は表面積が大きくどんなソースとも相性OK。幅広い平らなフェットチーネ（幅5〜8mm）はもっちりしていて、クリーム系のソースとよく合います。
ショートパスタにはペンネ、ファルファッレ（リボン状）、フッジリ（らせん状）など形もさまざま。見た目もかわいいく、パスタ料理が楽しくなりますよ！

Cream base

[クリームベース]

■材料（2人分）

パスタ（乾麺）……200g	塩＆胡椒……少々
湯……3L	白ワイン（辛口）……40cc
岩塩……30g〜75g	生クリーム……150cc
無塩バター……25g	塩＆胡椒……少々
スライスベーコン（拍子木切り）……50g	卵黄……3個
玉ねぎ（薄切り）……1/4個	ブラックペッパー（粗挽き）……少々
	オリーブオイル……少々

1 フライパンに無塩バター、ベーコンを入れてじっくり炒めたら、玉ねぎを入れ、下味程度の塩＆胡椒をして玉ねぎが透き通るまで中火で炒める。

2 具材を加える時はここで一緒に炒め、それから白ワインを入れてアルコールを飛ばす。

3 生クリームを加え、塩＆胡椒で味を調える。

> ここでの塩＆胡椒は味を調える決め手。パスタが絡んだ時の味を予想しながら味付けします。

4 併行してパスタをゆでる（Basic1〜5）。
パスタのゆで上がりに合わせて、3を火から下ろし、余熱で卵黄を交ぜ合わせる。

> 卵黄は余熱で混ぜ合わせます。再加熱するとボテボテになるので注意。

5 ゆで上がったパスタをすぐにザルで湯切りし、ゆで汁を少しだけ4に加えて乳化させるように絡める。

6 4に湯切りしたパスタを混ぜ合わせ盛り付けたら、ブラックペッパーとEXバージンオリーブオイルを振りかける。

卵黄のかわりに

卵黄をつなぎにしたクリームベースがカルボナーラです。

味のスタイルを楽しみたい時は、卵黄の代わりにつなぎになるものを入れましょう。

ブルーチーズ、味噌、カットトマト、明太子、わさびなどがおすすめです。

加える過程も、余熱で混ぜ合わせるのも卵と同じです。

ブルーチーズはくだいて入れる

明太子は粗みじんにして、皮ごと入れる（皮が気になる場合は取り除く）

Variation 1

ソーセージ＆そら豆＆卵

■材料（パスタ以外 / 2人分）
無塩バター……25g
ソーセージ（輪切り）……100g
玉ねぎ（薄切り）……1/4 個
塩＆胡椒……少々
そら豆（ゆでる）……20 粒程度
白ワイン（辛口）……40cc
生クリーム……150cc
塩＆胡椒……少々
卵黄……3 個
ブラックペッパー（粗挽き）……少々
エクストラバージンオリーブオイル……少々

桜海老＆たけのこ＆卵

■材料（パスタ以外 / 2人分）
無塩バター……25g
桜海老……40g
玉ねぎ（薄切り）……1/4 個
塩＆胡椒……少々
たけのこ（下処理して薄切り）
　 or たけのこ水煮……12 個
白ワイン（辛口）……40cc　　生クリーム……150cc
塩＆胡椒……少々　　卵黄……3 個
ブラックペッパー（粗挽き）……少々
エクストラバージンオリーブオイル……少々

Variation 2

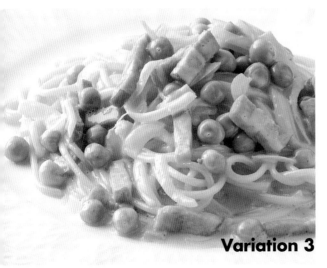

Variation 3

ベーコン＆グリーンピース＆卵

■材料（パスタ以外 / 2人分）
無塩バター……25g
ベーコン（拍子木切り）……50g
玉ねぎ（薄切り）……1/4 個
塩＆胡椒……少々
グリーンピース（ゆでる or 冷凍）……50g
白ワイン（辛口）……40cc
生クリーム……150cc
塩＆胡椒……少々
卵黄……3 個
ブラックペッパー（粗挽き）……少々
エクストラバージンオリーブオイル……少々

Variation 4

ベーコン＆とうもろこし＆卵

■材料（パスタ以外 / 2人分）
無塩バター……25g
ベーコン（拍子木切り）……50g
玉ねぎ（薄切り）……1/4 個
塩＆胡椒……少々
とうもろこし（ゆでる or 水煮）……80g
白ワイン（辛口）……40cc
生クリーム……150cc
塩＆胡椒……少々
卵黄……3 個
ブラックペッパー（粗挽き）……少々
エクストラバージンオリーブオイル……少々

あさり＆アスパラ＆卵

■材料（パスタ以外 / 2人分）
無塩バター……25g
あさり（殻付き）……200g
玉ねぎ（薄切り）……1/4 個
塩＆胡椒……少々
アスパラ（下ゆでして長切り）……2本分
白ワイン（辛口）……40cc
生クリーム……150cc
塩＆胡椒……少々
卵黄……3 個
ブラックペッパー（粗挽き）……少々
エクストラバージンオリーブオイル……少々

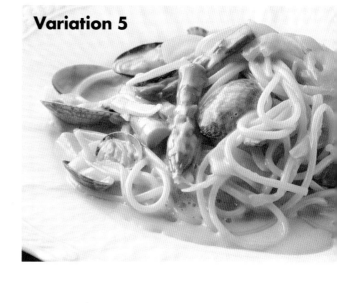

Variation 5

Variation 6

ツナ＆ズッキーニ＆卵

■材料（パスタ以外 / 2人分）
無塩バター……25g
ツナフレーク……100g
玉ねぎ（薄切り）……1/4 個
塩＆胡椒……少々
ズッキーニ（薄切り）……10 枚
白ワイン（辛口）……40cc
生クリーム……150cc
塩＆胡椒……少々
卵黄……3 個
ブラックペッパー（粗挽き）……少々
エクストラバージンオリーブオイル……少々

Variation 7

ベーコン＆きのこ＆ブルーチーズ

■材料（パスタ以外 / 2人分）
無塩バター……25g　　ベーコン（拍子木切り）……30g
玉ねぎ（薄切り）……1/4 個
塩＆胡椒……少々
きのこ（一口大）……100g
白ワイン（辛口）……40cc
ブルーチーズ（砕く）……60g
生クリーム……100cc
塩＆胡椒……少々
ブラックペッパー（粗挽き）……少々
エクストラバージンオリーブオイル……少々

スモークサーモン＆ブロッコリー＆ブルーチーズ

■材料（パスタ以外 / 2人分）
無塩バター……25g
スモークサーモン……100g
玉ねぎ（薄切り）……1/4 個
塩＆胡椒……少々
ブロッコリー（下ゆでして一口大）……100g
白ワイン（辛口）……40cc
ブルーチーズ（砕く）……60g
生クリーム……100cc
塩＆胡椒　少々
ブラックペッパー（粗挽き）……少々
エクストラバージンオリーブオイル……少々

Variation 8

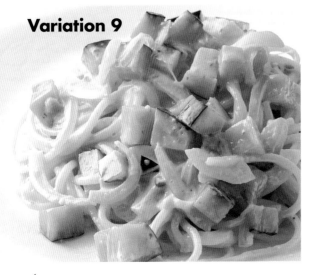

Variation 9

アンチョビ＆かぼちゃ＆白みそ

■材料（パスタ以外 / 2人分）
無塩バター……25g
アンチョビ（みじん切り）……2枚
玉ねぎ（薄切り）……1/4 個
塩＆胡椒……少々
かぼちゃ（小角切り）……100g
日本酒（辛口）……40cc
白みそ……15g
生クリーム……100cc
塩＆胡椒……少々
ブラックペッパー（粗挽き）……少々
エクストラバージンオリーブオイル……少々

Variation 10

アンチョビ＆かぶ＆わさび

■材料（パスタ以外 / 2人分）
無塩バター……25g
アンチョビ（みじん切り）……2枚
玉ねぎ（薄切り）……1/4 個
塩＆胡椒……少々
かぶ（下ゆでして 12 等分）……1 個
日本酒（辛口）……40cc
おろしわさび……15g
生クリーム……100cc
塩＆胡椒……少々
ブラックペッパー（粗挽き）……少々
エクストラバージンオリーブオイル……少々

サーモン＆ほうれん草＆トマト缶

■材料（パスタ以外 / 2人分）
無塩バター……25g
サーモン（角切り）……60g
玉ねぎ（薄切り）……1/4 個
塩＆胡椒……少々
ほうれん草（下ゆでして長切り）……1/2 束
白ワイン（辛口）……40cc
カットトマト缶……100g　　生クリーム……100cc
塩＆胡椒……少々
ブラックペッパー（粗挽き）……少々
エクストラバージンオリーブオイル……少々

Variation 11

Variation 12

カリフラワー＆明太子

■材料（パスタ以外 / 2人分）
無塩バター……25g
玉ねぎ（薄切り）……1/4 個
塩＆胡椒……少々
カリフラワー（下ゆでして一口大）……100g
日本酒（辛口）……40cc
明太子……80g
生クリーム……100cc
塩＆胡椒……少々
ブラックペッパー（粗挽き）……少々
エクストラバージンオリーブオイル……少々

Risotto

リゾットとは、炒めた米を煮て作るイタリアの米料理。
季節の野菜と組み合わせて、我が家のリゾットを作りましょう。

Basic

■材料（2人分）
水……500cc
チキンコンソメ……8g
オリーブオイル……10cc
玉ねぎ（みじん切り）……1/8個
塩＆胡椒……少々
米……75g
白ワイン……15cc

リゾットのお米は粘りがなく、ほどよい歯ごたえがあるアルデンテが理想です。

お米をアルデンテに仕上げるためには、鍋の中でお米を回流させないことが大切。お米が躍ってぶつかり合うと粘りが出るので、広く浅い鍋かフライパンを使います。手に入りやすいフッ素加工製やテフロン加工製の浅いフライパンがおすすめ。米が回流しないように、ブイヨンを少しずつ加えるのもコツです。

お米はとがずに使いましょう。とぐとお米が水分を吸収して粘りが出るうえ、お米が割れる原因に。洗わないのが気になる場合は、ザルに入れ、流水でさっとすすぐくらいにします。水分の少ない海外米で作ると一層本格的なリゾットに。無洗米でも作れますが、生米の方がクリーミーに仕上がります。

白ワインは辛口を。特に、乳製品やチーズなど濃厚なものを加える場合は、辛口のさっぱり感が欠かせません。

もうひとつ、本格的なリゾットに欠かせないのがイタリアを代表するチーズ、パルミジャーノ・レッジャーノです。「パルマ」と「レッジョ」という地名に由来した名前のこのチーズは、イタリアパルマ県、レッジョ・エミリア県、モデナ県などで作られ、認定を受けたものだけがこの名前を名乗ることができるとか。日本でよく売られている、いわゆる「パルメザンチーズ」の多くはパルミジャーノ・レッジャーノとは別物なのです。

この本では材料に粉チーズを挙げていますが、より本格的な味を目指したい方は、ぜひパルミジャーノ・レッジャーノを使ってみてください。

Basic［作り方］

1 鍋に水とチキンコンソメを入れ、チキンブイヨンを作る。
3回に分けて注ぐので、注ぎ終わるまで火にかけて熱さを保っ
ておく。

仕上げるまで煮詰めるので、少し薄めに作りましょう。チキンコ
ンソメはメーカーにより塩分に差があるので、水量で調整します。

2 フライパンにオリーブオイルを入れ、玉ねぎを焦がさないよう
に中火で炒めて、下味程度に塩と胡椒をする

玉ねぎは旨みを補足
する脇役なので、米
より細かいみじん切りに。
炒め過ぎると甘みが強く
なるので、中火で炒めま
す。音が出始めたら弱火
にして3分程度が目安。

3 米を入れてさらに炒める。

白っぽくなるまで炒
めると、米粒の食感
がしっかり感じられます。
ただし、焼き色をつける
と香ばしさが出て、米の
本来のおいしさが半減す
るので注意。オイルでコー
ティングされた米は煮て
も崩れにくく、サラッと
仕上がります。

4 米が白っぽくなったら白ワインを加えて、アルコールを飛ばす。

5 熱いブイヨンの3分の1（1回目）を注ぐ。米の表面より少しかぶるくらいに注ぎ、フツフツと軽く沸騰する感じになるよう、火加減を調整する。

ブイヨンが冷たいと温まるまでに時間がかかり、さらに熱い米の表面が冷たいブイヨンとの温度差で割れてしまって粘りを誘うため、熱々のブイヨンを注ぐこと。

6 5分後、熱いブイヨンのもう3分の1（2回目）を注ぐ。米の表面が水面に現れたら、5分待たずに入れる。

時々、木べらなどで鍋底の米をはがすようにかきまぜますが、かきまぜ過ぎはお米が割れる原因に。

7 さらに5分後、残り（3回目）を注いで15分煮る。3回目も、米の表面が水面に現れたら5分待たずに入れ、全体で15分を目安に煮る。

用意したブイヨンは全て使い切らなくてもよく、2、3回目に注ぐブイヨン量を減らし気味にして、出来上がりの水分量を調整しましょう。

8 15分後、火を止めて手早く混ぜ合わせ、塩と胡椒で味を調える。

Variation 1

パルマ風

■材料（2人分）
水……500cc
チキンコンソメ……8g
オリーブオイル……10cc
玉ねぎ（みじん切り）……1/8 個
塩＆胡椒……少々
米……75g
白ワイン……15cc
塩＆胡椒……少々
無塩バター……5g
生クリーム……15cc
粉チーズ……5g

1　Basic の 1～7 と同じ。

2　15 分後、火を止めて塩と胡椒、無塩バター、生クリームで味を調える。

3　粉チーズを入れる。

美食の都パルマ

イタリアでリゾットといえばこれ。イタリアを代表するチーズ、パルミジャーノ・レッジャーノやパルマハムの発祥地パルマは食の街として知られます。
パルミジャーノ・レッジャーノを使うとより本格的になりますが、手に入りやすい粉チーズでもOK。チーズは半分ずつ、2回に分けて入れましょう。半分ずつ混ぜると、チーズがダマになりにくく、味が均等になります。

ほうれん草＆トマト

■材料（2人分）
水……300cc
チキンコンソメ……5g
オリーブオイル……20cc
ベーコンスライス（拍子切り）……10g
玉ねぎ（みじん切り）……1/8 個
塩＆胡椒……少々
米……75g
白ワイン……15cc
トマトジュース（or 湯むきして角切りしたトマト）
　　　　　　　　　　　　　　……1缶（190cc）
ほうれん草（下ゆでして長切り）……1/2 束
塩＆胡椒……少々
粉チーズ……5g

Variation 2

1　Basic の 1 と同じ。

2　フライパンにオリーブオイルを入れ、弱火でベーコンを焼いてから玉ねぎを炒める。

3　Basic の 2～4 と同じ。

4　トマトジュースを加え、混ぜ合わせる。

5　Basic の 5～7 と同じ。

6　15 分後、火を止めてからほうれん草を加え、塩と胡椒で味を調え、粉チーズを入れる。

Variation 3

ブロッコリー＆ベーコン

■材料（2人分）
水……500cc
チキンコンソメ……8g
オリーブオイル……20cc
ベーコンスライス（拍子切り）……10g
玉ねぎ（みじん切り）……1/8 個
塩＆胡椒……少々
米……75g
白ワイン……15cc
ブロッコリー（下ゆでして一口大）……1/2 個
塩＆胡椒……少々
粉チーズ……5g

1 Basic の **1** と同じ。

2 フライパンにオリーブオイルを入れ、弱火でベーコンを焼いてから玉ねぎを炒める。

3 Basic の **2** ～ **7** と同じ。

4 15 分後、火を止めてからブロッコリーを加え、塩と胡椒で味を調え、粉チーズを入れる。

ホタルイカ＆アスパラ

■材料（2人分）
水……500cc
チキンコンソメ（or 海鮮ブイヨン）……8g
オリーブオイル……15cc
にんにく（みじん切り）……小 1/2 片
玉ねぎ（みじん切り）……1/4 個
ボイルホタルイカ（目の堅いところを取る）……75 g
グリーンアスパラガスの茎（下部は皮引きして輪切り）……2本
塩＆胡椒……少々
米……75g
白ワイン……25cc
塩＆胡椒……少々
グリーアスパラの穂先（縦半分に切る）……2本
塩＆胡椒……少々

Variation 4

1 Basic の **1** と同じ。

2 フライパンにオリーブオイルを入れ、にんにくを焦がさないように中火でキツネ色に炒める。

3 玉ねぎを中火で炒め、ホタルイカとアスパラガスの茎を入れ、下味程度の塩と胡椒をする。

4 Basic の **3** ～ **7** と同じ。

5 15 分後、火を止めて塩と胡椒で味を調え、盛り付ける。

6 塩＆胡椒で下味をつけたアスパラガスの穂先を飾る。

Variation 5

きのこ＆サーモン

■材料（2人分）
水……500cc
チキンコンソメ……8g
オリーブオイル……30cc
お好みのきのこ……140g
玉ねぎ（みじん切り）……1/8 個
サーモン（小角切り）……80g
塩＆胡椒……少々
米……75g
白ワイン……15cc
無塩バター……5g
生クリーム……15cc
粉チーズ……10g

1 Basic の *1* と同じ。

2 フライパンにオリーブオイルを入れ、きのこを強火で香ばしく炒めたら、中火にして玉ねぎを炒める。

3 *2* のフライパンにサーモンと玉ねぎを入れて、下味程度の塩と胡椒をして炒める。

4 米を入れてさらに炒めたら、白ワインを加える。

5 Basic の *5* 〜 *7* と同じ。

6 15 分後、火を止めて塩と胡椒、無塩バター、生クリームで味を整える。

7 粉チーズを入れる。

バジル風味

■材料（2人分）
水……500cc
チキンコンソメ……8g
オリーブオイル……10cc
玉ねぎ（みじん切り）…… 1/8 個
塩＆胡椒……少々
米……75g
白ワイン……15cc
バジルペースト（27p 参照）……10g
塩＆胡椒……少々
粉チーズ……5g

Variation 6

1 Basic の *1* 〜 *7* と同じ。

2 15 分後、火を止めてバジルペーストを手早く混ぜ合わせ、塩と胡椒で味を調え、粉チーズを入れる。

> チーズを入れる前に、生クリームとバターを入れるとコクのあるバジルクリーミーリゾットに変身。

かぼちゃ&生クリーム

■材料（2人分）
水……500cc
チキンコンソメ……8g
オリーブオイル……20cc
玉ねぎ（みじん切り）……1/8個
かぼちゃ（小さめに切る）……100g（冷凍でも可）
塩&胡椒……少々
米……75g
白ワイン……15cc
塩&胡椒……少々
無塩バター……5g
生クリーム……15cc
粉チーズ……5g

Variation 7

1 Basic の **1**〜**2** と同じ。

2 かぼちゃを加えて炒め、下味程度の塩と胡椒をする。

3 Basic の **3**〜**7** と同じ。

4 15分後、火を止めて塩と胡椒・無塩バター・生クリームで
味を調え、粉チーズを2回に分けて入れる。

カリフラワー

■材料（2人分）
水……500cc
チキンコンソメ……8g
オリーブオイル……20cc
カリフラワー（下ゆでして小角切り）……50g
玉ねぎ（みじん切り）……1/8個
塩&胡椒……少々
米……75g
白ワイン……15cc
塩&胡椒……少々
無塩バター……5g
生クリーム……15cc
粉チーズ……5g

Variation 8

1 Basic の **1** と同じ。

2 フライパンにオリーブオイルを入れ、カリフラワーを炒める。

3 玉ねぎを加えて中火で炒め、下味程度の塩と胡椒をする。

4 Basic の **3**〜**6** と同じ。

5 15分後、火を止めて塩と胡椒・無塩バター・生クリームで
味を調え、粉チーズを2回に分けて入れる。

Variation 9

ツナ&ほうれん草

■材料（2人分）
水……500cc
チキンコンソメ……8g
オリーブオイル……10cc
玉ねぎ（みじん切り）……1/8 個
塩&胡椒……少々
米……75g
ツナフレーク缶……1/2 缶
白ワイン（辛口）……15cc
塩&胡椒……少々
ほうれん草（下ゆでして長切り）……1/2 束
無塩バター……5g
生クリーム……15cc
粉チーズ……10g

1 Basic の 1〜2 と同じ。

2 米を加えて炒め、米が白っぽくなったらツナフレークを入れて、混ぜ合わせたら白ワインを加える。

3 Basic の 5〜7 と同じ。

4 15 分後、火を止めてほうれん草を加え、塩と胡椒、無塩バター、生クリームで味を調えて粉チーズを入れる。

海老や貝類、白身魚などの海鮮ブイヨンを使う時は、バターと生クリームはやめて、オリーブオイルで仕上げます。

そば米&きのこ

■材料（2人分）
そばの実（そば米）……100g
水……たっぷり適量
オリーブオイル……20cc
しいたけ・舞茸・エリンギ・しめじ
　　　　　　　　……各 1/2 パック（100g）
塩……適量
生クリーム……120cc
粉チーズ……5g

Variation 10

1 そばの実をたっぷりのお湯で茹で、水気を切っておく。

2 フライパンにオリーブオイルを入れ、きのこを強火で香ばしく炒め、下味程度に塩をする。

3 生クリームを加え、1 を混ぜ合わせて、塩で味を調えたら、弱火で 2 分間煮て味をなじませる。

4 火から下ろし、粉チーズを加える。

そばの実は、沸騰してから 6〜7 分がアルデンテに仕上がる目安です。

オリーブオイルのあれこれ

オリーブオイルは大きく3種類に分類されます。選別基準の「酸度」は、成分のひとつである「遊離オレイン酸」の割合のことで、酸度が少ないオリーブオイルほど酸化しにくく上質です。

1 エクストラバージンオリーブオイル（酸度：0.8%以下）

オリーブの果実の一番搾りのオイル。科学的な処理を一切行っておらず、味・香り・酸度が厳正な基準を満たした特に貴重な特別なオイル。

芳醇な味わいとフルーティーな風味が特徴で、栽培地の気候やオリーブの種類、絞り方などによって香りと味に違いが出るため、個性豊かなエクストラバージンが楽しめます。ブランドによっても特徴が変わるので、味が濃いと感じる場合は、素材の味を生かすことを優先しましょう。キャノーラ油にエクストラバージンオリーブオイルを少量入れて香り付けするとか、ピュアオリーブオイルと使い分けしながら使用するのも、エクストラバージンオリーブオイルの特性を生かす方法のひとつです。

加熱すると一番の魅力である香りが飛ぶとか、低温のうちから煙が出るなど、一般的に加熱調理には向かないといわれますが、絶対に加熱してはいけないわけではなく、長時間加熱するのでなければ、それほど風味を損なう心配もないと思います。

2 ピュアオリーブオイル（酸度：1.0%以下）

エクストラバージンオリーブオイルと精製オリーブオイルを混ぜ合せたものを指す。

いま、一番気に入っているのはスペインのAUBOCASSA（アウボカーサ）のオイル（酸度：0.1%）。

オリーブの実のフレッシュジュースを飲んでいるような口当たりで、苦みや辛味、えぐみの少ない繊細な味。「おいしさは香りで作る」と感じさせてくれる特別なオイルなのです。

マリネやドレッシングなどにそのまま使用するより、炒めるなどの加熱調理向き。風味、栄養価ともにエクストラバージンにかなわないが、スーパーなどで見かける機会が多く、ピュアの方が使い勝手がよい場合も。ブランドによって配合率が異なり、味や香りのバランスが好みの"マイ・ピュアオリーブオイル"を選んでみるのも楽しい。

3 精製オリーブオイル

基本的に料理や食品に使用できないオイルを精製したもの。匂いをなくし、色を整えるなどの科学的に手を加え、調理に使えるようになる。

オリーブオイルは、太陽光（紫外線）や蛍光灯にさえ弱いので、ガスコンロ付近などの高温な場所に置くのも、味が劣化する原因に。一方で冷蔵庫での保管は瓶の中に粒子の結晶が出来てしまうため、出し入れを繰り返すことで急速な劣化につながります。

保管には、食器棚、流し台の下や廊下などの冷暗所（15～20℃）がおすすめ。また、注ぎ口にオイルが残ったら、ふいてから保管します。その汚れから菌が入ってしまう場合もあり、味が劣化する原因となるためです。空気に触れると劣化が早まるので、別のボトルに移したりしないこと。移す場合は少量ずつ、色の暗い瓶もしくはアルミホイルなどで遮光対策をしてください。

Pan cake

「パン」というのは底が平たい鍋のこと。
フライパンで気楽に焼けるパンケーキ。味わい深くアレンジします。

Basic

■材料（26cm のフライパン 1 枚分）
全卵……1個
牛乳……150cc
グラニュー糖……60g
ベーキングパウダー……15g
薄力粉（振るう）……130g
バニラオイル……適量
オリーブオイル……5cc

スイーツとしても主食にしても、おいしいパンケーキ。この本ではフルーツを混ぜ合わせ、甘いパンケーキにアレンジします。ミカンやイチゴなど水分を多く含むフルーツを合わせる場合は、蒸し焼きの時間を少し長く 12 分くらいが目安。極弱火でじっくり焼きます。
フライパンにくっつきやすく焦げやすいので注意して。型に流して 170 ～ 190℃のオーブンで焼けば、違った味わいも楽しめます。

1 ボールに卵、牛乳、グラニュー糖、ベーキングパウダー、薄力粉、バニラオイルを入れ、混ぜ合わせる。

2 フライパンにバター（分量外）を塗ってクッキングシートを敷き、オリーブオイルを入れて、まんべんなくシートに広がったら加熱する。

細い2等辺三角形に折って円形クッキングシートを作ります。

3 1を流し入れ、ふたをして極弱火で 8 分間蒸し焼きにする

4 生地がある程度固まったら裏返し、ふたをして 4 分蒸し焼きにする。中心まで固まればでき上がり。

Variation 1

Variation 2

マロン

■材料（1枚分）
無塩バター……5g
マロングラッセ（or 渋皮煮）……200g
フランベ用ダークラム……お好みで
シナモンパウダー……適量
全卵……1個
牛乳……150cc
グラニュー糖……60g
ベーキングパウダー……15g
薄力粉（振るう）……130g
バニラオイル……適量
オリーブオイル……5g

1 フライパンに無塩バターと栗を入れて炒め、シナモンパウダーを混ぜ合わせて粗熱をとる。

2 Basic の **1** に、**1** を混ぜ合わせる。

3 Basic の **2 - 5** と同じ

蜜柑

■材料（1枚分）
無塩バター……5g
みかんの缶詰……1 缶（120g）
フランベ用グランマニエ（or コアントロー）
　　　　　　　　　　　　　　……お好みで
全卵……1個
牛乳……150cc
グラニュー糖……60g
ベーキングパウダー……15g
薄力粉（振るう）……130g
バニラオイル……適量
オリーブオイル……5g

1 フライパンに無塩バターとシロップの水気を切ったミカンを入れて炒め、粗熱をとる。

2 Basic の **1** に、**1** を混ぜ合わせる。

3 Basic の **2〜5** と同じ

Variation 3　**Variation 4**

ドライフルーツ

■材料（1枚分）
全卵……1個
牛乳……150cc
グラニュー糖……60g
ベーキングパウダー……15g
薄力粉（振るう）……130g
バニラオイル……適量
ドライフルーツ……60g
シナモンパウダー……適量
ダークラム……お好みで
オリーブオイル……5g

1 Basic の **1** と一緒に、ドライフルーツとシナモンパウダー、お好みでダークラムを混ぜ合わせる。

2 Basic の **2 ～ 5** と同じ

チョコレート

■材料（1枚分）
全卵……1個
牛乳……150cc
グラニュー糖……60g
ベーキングパウダー……15g
薄力粉（振るう）……130g
バニラオイル……適量
チョコレート（砕く）……15g
シナモンパウダー……適量
ダークラム……お好みで
オリーブオイル……5g

1 Basic の **1** と一緒に、チョコレートとシナモンパウダー、お好みでダークラムを混ぜ合わせる。

2 Basic の **2 ～ 5** と同じ

Variation 5　　　　　　　　　　**Variation 6**

苺

■材料（1枚分）
無塩バター……5g
いちご（半分に切る）……100g
グラニュー糖……10g
フランベ用キルシュ……お好みで
全卵……1個
牛乳……150cc
グラニュー糖……60g
ベーキングパウダー……15g
薄力粉（振るう）……130g
バニラオイル……適量
オリーブオイル……5g

1 フライパンに無塩バター、イチゴ、グラニュー糖を入れて炒め、粗熱をとる。

2 Basic の **1** に、**1** を混ぜ合わせる。

3 Basic の **2** ～ **5** と同じ

林檎

■材料（1枚分）
無塩バター……5g
りんご（角切り）……1/2 個
グラニュー糖……10g
フランベ用ブランデー……お好みで
シナモンパウダー……適量
全卵……1個
牛乳……150cc
グラニュー糖……60g
ベーキングパウダー……15g
薄力粉（振るう）……130g
バニラオイル……適量
オリーブオイル……5g

1 フライパンに無塩バター、リンゴ、グラニュー糖を入れて炒め、シナモンパウダーを混ぜ合わせて粗熱をとる。

2 Basic の **1** に、**1** を混ぜ合わせる。

3 Basic の **2** ～ **5** と同じ

Variation 7

バナナ

■材料（1枚分）

無塩バター……5g
バナナ（輪切り）……1本
グラニュー糖……10g
フランベ用ダークラム……お好みで
シナモンパウダー……適量
全卵……1個
牛乳……150cc
グラニュー糖……60g
ベーキングパウダー……15g
薄力粉（振るう）……130g
バニラオイル……適量
オリーブオイル……5g

1 フライパンに無塩バター、バナナ、グラニュー糖を入れて炒め、シナモンパウダーを混ぜ合わせて粗熱をとる。

2 Basic の **1** に、**1** を混ぜ合わせる。

3 Basic の **2** 〜 **5** と同じ

 フランベしましょう！

フランベとは、仕上げにアルコール度数の高いお酒を振りかけて火を付け、アルコール分を飛ばすこと。うまみを閉じ込め、風味を深めるフランス料理のテクニックです。

フランベすることが多いのは魚料理や肉料理ですが、デザートの仕上げにも使われます。パンケーキでは、生地に混ぜる具を炒めた後、最後にフランベして芳醇な香りを閉じ込めます。

ただ、注意したいのは、火柱。フライパンにアルコールを入れるだけで火柱が上がるので、周辺にキッチンペーパーなどの燃えやすいものは絶対に置かないようにしましょう。

●具材のフランベ

ブランデーなどをあらかじめカップに用意します。具材に対してアルコール量の目安は20cc前後。

カップを片方の手に、もう片方の手に着火

装置を持ったら、パンケーキの具を炒めた仕上げのタイミングでフライパンの中央にアルコールを加えると同時に点火。ぽっと火柱が上がった後、アルコール分が蒸発すると自然に火が消えます。具を素早く折り込むように混ぜ合わせ、全体にまんべんなく香りを移し、粗熱が取れたら、生地と混ぜ合わせます。

French toast

少し硬くなったパンでもおいしく食べられるのが、フレンチトーストの強み。
しっかり味を染み込ませ、香りを楽しむフレンチトーストを作りましょう。

Basic

■材料（2人分）

バケット……12cm（食パンなら2枚）
卵……1個
牛乳……20cc
生クリーム……20cc
グラニュー糖……30g
塩……ほんの少々
シナモンパウダー……適量
バニラオイル（or バニラエッセンス）……少々
無塩バター……15g
オリーブオイル……10cc

バゲットで作るフレンチトーストは、食パンより浸し液が染み込みにくくパンの食感が残ります。やっぱり芯までしっとりふわふわにしたい、という時は、涼しいところで長めに漬け込みましょう。
香りを楽しむためには、浸し液に卵が入ると香りを薄めてしまうため、焼く直前に溶き卵にくぐらせるスペイン風がおすすめ。この本では、arrange 3〜6を溶き卵をくぐらせる方法で作ります。

1 バゲットを2cm厚に切り、バッドに並べる。

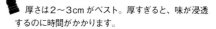

厚さは2〜3cmがベスト。厚すぎると、味が浸透するのに時間がかかります。

2 卵、牛乳、生クリーム、グラニュー糖、塩、シナモンパウダー、バニラオイルを混ぜ合わせて浸し液を作り、パンの上からかける。

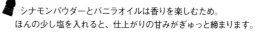

シナモンパウダーとバニラオイルは香りを楽しむため。
ほんの少し塩を入れると、仕上がりの甘みがぎゅっと締まります。

3 こまめにひっくり返しながら10分間、しっかり染み込ませる。

少し硬い場合は、浸し液に漬けたままラップをかけずに電子レンジで500w 30秒、裏返して30秒加熱。あっという間に浸し液が浸透します。

4 フライパンに無塩バターとオリーブオイルを溶かして**3**を入れ、弱火から中火ぐらいでじっくり焼く。

Variation 1

Variation 2

ココア風味

■材料（バケット以外 /2 人分）
ココア……3g（お好みで増減）
グラニュー糖……60g
卵……1個
塩……ほんの少し
シナモンパウダー……適量
バニラオイル（or バニラエッセンス）……少々
牛乳……80cc
生クリーム……60cc
無塩バター……15g
オリーブオイル……10cc

1 ボールにココアとグラニュー糖を混ぜ合わせる。

2 **1** に卵を入れてよく混ぜ、塩、シナモンパウダー、バニラオイルを加えて、混ぜ合わせる。

3 鍋に牛乳、生クリームを温め、**2** に半分ずつ加えながら混ぜ合わせて浸し液を作ってバケットの上からかける。

4 Basic の **3** ～ **4** と同じ

抹茶

■材料（バケット以外 /2 人分）
抹茶……1g（お好みで増減）
グラニュー糖……40g
卵……1個
塩……ほんの少し
バニラオイル（バニラエッセンスでも可）……少々
牛乳……20cc
生クリーム……20cc
無塩バター……15g
オリーブオイル……10cc

1 ボールに抹茶とグラニュー糖を混ぜ合わせる。

2 **1** に卵を入れてよく混ぜ、塩、バニラオイルを加えて、混ぜ合わせる。

3 鍋に牛乳、生クリームを温め、**2** に半分ずつ加えながら混ぜ合わせて浸し液を作ってバケットの上からかける。

4 Basic の **3** ～ **4** と同じ

Variation 3

スペイン風レモン風味

■材料（バケット以外/2人分）
牛乳……140cc
グラニュー糖……30g
レモンの皮……1/2個分
卵……1個
オリーブオイル……25cc
シナモンパウダー……適量
グラニュー糖……適量

1 鍋に牛乳、グラニュー糖、レモンの皮を入れ、80℃に温めたら、ふたをして15分しっかり蒸らす。

2 1のレモンの皮を取り出してから、バケットの上からかける。

3 フライパンにオリーブオイルを熱し、2のバケットを溶き卵にくぐらせてから焼く。

4 3を盛り付け、シナモンパウダーとグラニュー糖を振りかける。

Variation 4

塩キャラメル風味

■材料（バケット以外/2人分）
グラニュー糖……60g
水……少々（グラニュー糖全体が染みる程度）
牛乳……60cc
生クリーム……100cc
塩……2つまみ
シナモンパウダー……適量
バニラオイル（or バニラエッセンス）……少々
卵……1個
無塩バター……15g
オリーブオイル……10cc

1 鍋にグラニュー糖と水を入れ、弱火で鍋を揺すりながら、グラニュー糖を溶かす。

2 1がキャラメル色になったら、混ぜ合わせた冷たい牛乳と生クリームを入れて鍋の温度を下げ、まんべんなく混ぜ合わせてキャラメルクリームを作る。

3 2に塩、シナモンパウダー、バニラオイルを混ぜ合わせて浸し液を作り、バケットの上からかける。

4 フライパンに無塩バターとオリーブオイルを熱し、3のバケットを溶き卵にくぐらせてから焼く。

Variation 5

Variation 6

紅茶風味

■材料（バケット以外 /2 人分）
牛乳……150cc
紅茶の茶葉（種類はお好みで）……10g
生クリーム……60cc
グラニュー糖……40g
塩……ほんの少し
シナモンパウダー……適量
バニラオイル（or バニラエッセンス）……少々
卵……1 個
無塩バター……15g
オリーブオイル……10cc

1 鍋に牛乳と紅茶を入れて一度沸かし、5分休ませる。

2 ボールに生クリーム、グラニュー糖、塩、シナモンパウダー、バニラオイルを入れ、**1**を濾しながら加えて混ぜ合わせ、浸し液を作ってバケットの上からかける。

3 フライパンに無塩バターとオリーブオイルを熱し、**3**のバケットを溶き卵にくぐらせてから焼く。

ほうじ茶風味

■材料（バケット以外 /2 人分）
牛乳……150cc
ほうじ茶の茶葉……10g
生クリーム……60cc
グラニュー糖……40g
塩……ほんの少し
バニラオイル（or バニラエッセンス）……少々
卵……1 個
無塩バター……15g
オリーブオイル……10cc

1 鍋に牛乳とほうじ茶を入れて一度沸かし、5分休ませる。

2 ボールに生クリーム、グラニュー糖、塩、バニラオイルを入れ、**1**を濾しながら加えて混ぜ合わせ、浸し液を作ってバケットの上からかける。

3 フライパンに無塩バターとオリーブオイルを熱し、**3**のバケットを溶き卵にくぐらせてから焼く。

香りを楽しむ

フレンチトーストで香りを楽しむには、香りをダイレクトに混ぜ合わせる方法と、抽出した香りを移す方法のふたつがあります。

バニラオイルやシナモンパウダー、ココアや抹茶などの粉末や液体は、そのものに香りがついているので、そのまま浸し液に混ぜ合わせても香りが消えません。

けれど、レモンや紅茶など抽出した香りを移し込む素材の場合は、浸し液に入っている「卵」によって、香りが消されてしまいます。卵の入らない浸し液で香りがバケットに移ってから、焼く直前に溶き卵をくぐらせると、香りが卵に負けることはありません。

茶葉の香りは、まず牛乳に移すことから始めましょう。

香りの強い茶葉やフレーバーティーがおすすめ。お好みの茶葉を使って、自分だけのフレンチトーストを作ってみてください。

●浸し液の作り方

1 鍋に牛乳と茶葉を入れる。

2 牛乳と茶葉を沸かすときは、ぐつぐつ煮込まない。乳成分の濃度が高いと茶葉が開きにくいため、生クリームは後から混ぜ合わせる。

3 火を止めたら鍋にラップをかけて休ませる。目安は5分。

4. 茶葉の味と香りを牛乳に移す。

5. 茶こしを使って濾す。

Chef Pierre's favorite tea

出会ってその場で虜になったのが、スウェーデンのSöderblandning（セーデルブレンドティー）。
THE TEA CENTRE OF STOCKHOLM（北欧紅茶）のティーブレンダー、バーノン・モーリス氏の代表作とされるブレンドティーで、紅茶、オレンジピール、バラ、マリーゴールドの花、ヤグルマギクの花が含まれます。飲み終わった後に、鼻の奥にまた香りの余韻が戻ってくるのがたまりません。

Hot sandwich

忙しい朝や軽食にぴったりな、フライパンで作る技ありサンド。
野菜たっぷりバージョンと、ゴルゴンゾーラチーズのアレンジを。

Basic ［作り方］

■材料（2人分）
食パン（1cm厚）……4枚
スライスハム……2枚
ピッツア用チーズ……適量
オリーブオイル……10cc
無塩バター……10g

食パンで具材をはさんで、こんがり焼き上げるホットサンド。1910年にフランス・パリで生まれたホットサンドを「クロックムッシュ（croque-monsieur）」と呼びます。「カリっとした紳士」の意味。本場ではオリーブオイルではなくバターで焼き、グリエールチーズやエメンタールチーズを使います。最後にホワイトソースをかけても美味。目玉焼きを載せると「クロックマダム（croque-madame）」になります。

1 食パンは耳を切り落とし、うち2枚に周囲1cmほど空けてハムとチーズを載せる。

2 1にそれぞれもう1枚の食パンを重ねる。

3 2の周囲を包丁の背で強く押し、裏返して同じように四辺を押して上下のパンをくっつける。

4 フライパンにオリーブオイルと無塩バターを半量（1組ずつ焼く時は1/4）ずつ入れて、3の片面を中火で焼き、裏返して残りのオイルとバターを加え、同じように焼く。

Variation 1

ツナ＆新玉ねぎ

■材料（2人分）
食パン（1cm厚）……4枚
マヨネーズ……40g
おろしわさび……適量
ツナフレーク……適量
新玉ねぎ（薄切り）……適量
ピッツア用チーズ……適量
オリーブオイル……10cc
無塩バター……10g

ピッツァ用チーズではなく、グリエールチーズやエメンタルチーズを使うとより本格的。

1 マヨネーズ、おろしわさびを混ぜ合わせてわさびマヨネーズを作り、食パンに薄く塗る。

2 食パンの耳を切り落とし、うち2枚に周囲1cmほど空けてツナフレーク、玉ねぎ、チーズを載せる。

3 Basicの**2**〜**4**と同じ。

海老＆アボカド

■材料（2人分）
食パン（1cm厚）……4枚
マヨネーズ……40g
おろしわさび……適量
アボカド（薄切り）……1/4個
トマト（薄切り）……適量
ボイル海老……適量
新玉ねぎ（薄切り）……適量
ピッツア用チーズ……適量
オリーブオイル……10cc
無塩バター……10g

Variation 2

1 マヨネーズ、わさびを混ぜ合わせてわさびマヨネーズを作り、食パンに薄く塗る。

2 食パンの耳を切り落とし、うち2枚に周囲1cmほど空けてアボカド、トマト、海老、玉ねぎ、チーズを載せる。

3 Basicの**2**〜**4**と同じ。

Variation 3

スモークサーモン＆アボカド

■材料（2人分）
食パン（1cn厚）……4枚
マヨネーズ……40 g
おろしわさび……適量
アボカド（薄切り）……1/4 個
トマト（薄切り）……適量
スモークサーモン……3枚
新玉ねぎ（薄切り）……適量
ピッツア用チーズ……適量
オリーブオイル……10cc
無塩バター……10g

1 マヨネーズ、わさびを混ぜ合わせてわさびマヨネーズを作り、食パンに薄く塗る。

2 食パンの耳を切り落とし、うち2枚に周囲1cmほど空けてアボカド、トマト、スモークサーモン、玉ねぎ、チーズを載せる。

3 Basicの**2**〜**4**と同じ。

ベーコン＆ほうれん草

■材料（2人分）
食パン（1cm厚）……4枚
ピッツア用チーズ……適量
オリーブオイル……適量
にんにく（みじん切り）……1/2 片
アンチョビ（粗みじん切り）……1枚
ベーコンスライス（拍子切り）……5g
ほうれん草……1/2 束
ピッツアソース……適量
オリーブオイル……20cc

Variation 4

1 食パンにチーズを広げて載せる。

2 フライパンにオリーブオイルを入れ、にんにくを中火で焦がさないように炒める。アンチョビとベーコンを入れて香りを出し、ほうれん草を加えて炒め、ピッツアソースを絡める。

3 食パンの耳を切り落とし、うち2枚に周囲1cmほど空けて2を載せる。

4 Basicの**2**〜**4**と同じだが、オリーブオイルだけで焼く。

Variation 5

さば缶&バジル

■**材料（2人分）**
食パン（1cm厚）……4枚
ピッツアソース（orトマトソース）……10g
オリーブオイル……少々
にんにく（みじん切り）……1/2片
アンチョビ（粗みじん切り）……1枚
ベーコンスライス（拍子切り）……5g
サバ水煮（orツナフレーク）……1缶
ピッツア用チーズ……適量
バジル……適量
赤パプリカ（薄切り）……適量
オリーブオイル……20cc

1 食パンにピッツアソースを塗る。

2 フライパンにオリーブオイルを入れ、にんにくを中火で焦がさないように炒め、アンチョビとベーコンを入れて香りを出し、サバを加えて炒める。

3 食パンの耳を切り落とし、うち2枚に周囲1cmほど空けて2を載せ、チーズ、赤パプリカを載せる

4 Basicの**2〜3**と同じだが、オリーブオイルだけで焼く。

ベーコン&ゴルゴンゾーラ

■**材料（2人分）**
食パン（1cm厚）……4枚
無塩バター……適量
オリーブオイル……20g
ベーコンスライス……3枚
レタス（千切り）……少々
ゴルゴンゾーラチーズ……適量
オリーブオイル……10cc
無塩バター……10g

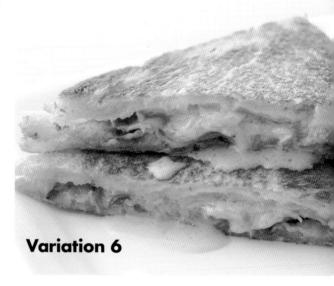

Variation 6

1 食パンにポマード状にしたバターを塗る。

2 フライパンにオリーブオイルを入れてベーコンを炒める。

3 食パンの耳を切り落とし、うち2枚に周囲1cmほど空けて2を載せ、ブルーチーズを掛けて、レタスを載せる。

1 Basicの**2〜3**と同じ。

蜜柑＆ゴルゴンゾーラ

■材料（2人分）
食パン（1cm厚）……4枚
無塩バター……適量
はちみつ……適量
みかん缶詰……適量
ゴルゴンゾーラチーズ……適量
オリーブオイル……10cc
無塩バター……10g
ホイップクリーム……お好みで

1 食パンにポマード状にしたバターとハチミツを塗る。

2 食パンの耳を切り落とし、うち2枚に周囲1cmほど空けてみかんを載せ、ブルーチーズを掛ける。

3 Basicの**2**〜**3**と同じ

4 盛り付けてから、ホイップクリームをかける。

Variation 7

林檎＆ゴルゴンゾーラ

■材料（2人分）
食パン（1cm厚）……4枚
無塩バター……適量
無塩バター……20g
りんご（薄切り）……1/4個
はちみつ……適量
タイム or ローズマリー（みじん切り）……適量
ゴルゴンゾーラチーズ……適量
オリーブオイル……10cc
無塩バター……10g

Variation 8

1 食パンにポマード状にしたバターを塗る。

2 フライパンに無塩バターを入れてりんごを炒め、しんなりしたらはちみつを加えて加熱。香りの好みでハーブを入れて混ぜ合わせ、粗熱を取る。

3 食パンの耳を切り落とし、うち2枚に周囲1cmほど空けて**2**を載せる。

4 Basicの**2**〜**3**と同じ

ゴルゴンゾーラのアレンジ

本格的な味を求めるには、ブルーチーズの代わりにゴルゴンゾーラチーズがおすすめ。ただ、ゴルゴンゾーラは甘みがマイルドで塩分が控えめなので、ほかの材料の分量を加減してください。
ゴルゴンゾーラアレンジにおすすめなのがはちみつ。ブルーチーズ特有の香りをより一層引き立ててくれるので、気持ち多めに使いましょう。

Bread salad

パンが余ったら、サラダにすることをおすすめします。
カリカリパンとしっとりパン、野菜と和えてお召し上がりください。

Basic 1 ［カリカリパン］

熱いままでも冷めてもおいしいガーリック風味

■材料（2人分）
バケット……1/4 本（80g）
オリーブオイル……20cc

にんにく（みじん切り）……適量
塩……適量（パンの塩分濃度による）
パセリ or オレガノ（粗みじん切り）……適量

1 フライパンにオリーブオイルを入れて、にんにくを炒め香りを出す。

2 2〜3cm の角切りにしたパンを中火で炒め、カリカリにする。

3 パセリやオレガノを振り入れる。

> にんにくの香り付けはお好みで。ほんの少しで OK。パンがオイルを吸ってしまったら、少しずつ足しながら焦がさないようにします。

Basic 2 ［しっとりパン］

しっとりと味を付けて、よく冷やすとさらにおいしく

■材料（2人分）
バケット……1/4 本（80g）
アンチョビ（みじん切り）……1 枚
トマトジュース（or 水）……150cc

ワインビネガー（白または赤）……10cc
塩＆胡椒……少々
にんにく（すりおろし）……適量
パセリ or オレガノ（粗みじん切り）……適量

1 ボールにトマトジュース、アンチョビ、ワインビネガー、塩＆胡椒を混ぜ合わせ、にんにくやパセリを入れる。

2 1 に 2〜3cm の角切りにしたパンを加えて、パンをふやかす。

3 パンがやわらかくなったら、適度にちぎる。

> トマトジュースで作ると赤いパンベースになり、水でふやかすとサラダが白ベースになる。
> アンチョビがあると味やコクが出るのでおすすめ。
> 極少々のすりおろしにんにくやパセリの粗みじん切りは香りのアクセントなのでお好みで。
> 塩分の少ないパンは下味程度に塩を振りましょう。

ツナ＆トマト ［カリカリパン］

■材料（パン以外）
玉ねぎ（みじん切りにして水にさらす）……100g
トマト（湯むきして角切り）……1個
ツナ……60g
マヨネーズ……80g
粉チーズ……適量
塩＆胡椒……少々
パプリカパウダー……お好みで
ゆで卵（4等分に切る）……2個

Variation 1

1 ボールに玉ねぎ、トマト、ツナフレーク、マヨネーズを混ぜ合わせ、冷やしておく。

2 カリカリパンを作る。

3 1に2を混ぜ合わせ、粉チーズ、塩＆胡椒、お好みでパプリカパウダーを加えたら、器に盛ってゆで卵を添える。

粉チーズをパルミジャーノ・レッジャーノにすると本格的になります。

チョリソー＆玉ねぎ ［カリカリパン］

Variation 2

■材料（パン以外）
オリーブオイル……20cc
にんにく（みじん切り）……1/2片
玉ねぎ（厚めの薄切り）……1個
チョリソー（輪切り）……100g
ピーマン（細切り）……2個
塩＆胡椒……少々
レモン（皮をむいて小角切り）……1個分
パプリカパウダー……お好みで
粉チーズ……適量

1 カリカリパンを作って、ボールに取る。

2 1のフライパンにオリーブオイルを入れ、にんにくを焦がさないように中火でキツネ色に炒めたら、玉ねぎ、チョリソー、ピーマンを順に炒めて塩＆胡椒する。

3 パンの入ったボールに2を入れ、レモンの角切りを加えたら、お好みでパプリカパウダーを混ぜ合わせる。

4 器に盛って粉チーズをかける

Variation 3

春づくし ［カリカリパン］

■材料（パン以外）
春キャベツ（千切り）……1/8 個
新玉ねぎ（薄切り）……1/2 個
菜の花（下ゆでして長切り）……70g
蒸し鶏むね肉（ほぐす）……100g
イチゴ（4 等分）……3 個
オリーブオイル……30cc
レモン（皮をむいて小角切り）……1 個分
塩＆胡椒……少々
エクストラバージンオリーブオイル……少々
パプリカパウダー……お好みで
粉チーズ……適量

1 ボールに春キャベツ、新玉ねぎ、菜の花、蒸し鶏、イチゴ、オリーブオイル、レモン、塩＆胡椒を混ぜ合わせ、冷やしておく。

2 カリカリパンを作る。

3 *1* に *2* を混ぜ合わせ、塩＆胡椒、エクストラバージンオリーブオイル、お好みでパプリカパウダーを加えたら、粉チーズを混ぜ合わせる。

スモークサーモン＆きのこ
［カリカリパン］

■材料（パン以外）
オリーブオイル……20cc
にんにく（みじん切り）……1/2 片
ベーコンスライス（拍子切り）……50g
きのこ各種……150g
塩＆胡椒……少々
スモークサーモン……80g
玉ねぎ（みじん切りにして水にさらす）……1/4 個
リンゴ（小角切り）……1/2 個
オレンジ（皮をむいて小角切り）……1 個分
エキストラバージンオリーブ……15cc
オイル塩＆胡椒……少々
パプリカパウダー……お好みで
粉チーズ……適量

Variation 4

1 カリカリパンを作って、ボールに取る。

2 *1* のフライパンにオリーブオイルを入れ、にんにくを焦がさないように中火でキツネ色に炒めたら、ベーコンときのこをこんがりと炒めて塩＆胡椒する。

3 パンの入ったボールに *2* を入れ、スモークサーモン、玉ねぎ、リンゴ、オレンジの角切りを加えて塩＆胡椒、お好みでパプリカパウダー、粉チーズを入れて混ぜ合わせる。

Variation 5

冬野菜＆明太子 ［カリカリパン］

■材料（パン以外）

オリーブオイル……30cc
にんにく（みじん切り）……1/2 片
アンチョビ（みじん切り）……2 枚
かぶ（ゆでて 6 等分）……2 個
カリフラワー（ゆでて一口大）……150g
芽キャベツ（ゆでて一口大）……6 個
じゃがいも（蒸して一口大）……1 個
塩＆胡椒……少々
明太子（ほぐす）……適量
マヨネーズ……少々
パプリカパウダー……お好みで
粉チーズ……適量

1 フライパンにオリーブオイルを入れ、にんにくを焦がさないように中火でキツネ色に炒めたら、アンチョビ、かぶ、カリフラワー、芽キャベツ、じゃがいもを炒めて塩＆胡椒をして交ぜ合わせ、ボールに移す。

2 カリカリパンを作る。

3 ボールに *1*、明太子、マヨネーズ、お好みでパプリカパウダーを入れ、*2* を加えて粉チーズと混ぜ合わせる。

生ハム＆
モッツァレラチーズ

［カリカリ or しっとりパン］

Variation 6

■材料（パン以外）

生ハムスライス……40g
モッツァレラチーズ……100g
トマト（角切り）……1 個
グリーンアスパラガス（ゆでて長切り）……3 本
バジルペースト（27p 参照）……お好みで
レモン（皮をむいて小角切り）……1 個分
エクストラバージンオリーブオイル……適量
塩＆胡椒……少々
パプリカパウダー……お好みで

1 カリカリパン or しっとりパンを作って、ボールに取る。

2 *1* に生ハム、モッツァレラチーズ、トマト、グリーンアスパラ、バジルペースト、レモン、エクストラバージンオリーブオイルを加えて、塩＆胡椒、お好みでパプリカパウダーと混ぜ合わせる。

Variation 7

あさり＆ブロッコリー
[しっとりパン]

■材料（パン以外）
オリーブオイル……30cc
にんにく（みじん切り）……1/2 片
あさり……250g
白ワイン……少々
ブロッコリー（ゆでて一口大）……2 個分
玉ねぎ（みじん切りにして水にさらす）……1/2 個
塩＆胡椒……少々　　レタス（ちぎる）……2 枚
塩＆胡椒……少々
みょうが（粗みじん切り）……2 本
大葉（粗みじん切り）……5 枚
パプリカパウダー……お好みで　　粉チーズ……適量

1 しっとりパンを作る。

2 フライパンにオリーブオイルを入れ、にんにくを焦がさないように中火でキツネ色に炒めたら、あさりを加えて強火で加熱し、白ワインを振りかけて蒸し焼きにする。

3 あさりの口が開いたらブロッコリー、玉ねぎを入れ、下味程度の塩＆胡椒をして1に入れ、レタス、塩＆胡椒、お好みでみょうが、大葉、パプリカパウダーと混ぜ合わせて冷蔵庫でよく冷やす。

4 器に盛って粉チーズをかける。

海の幸 [しっとりパン]

Variation 8

■材料（パン以外）
オリーブオイル……30cc
アンチョビ（みじん切り）……1 枚
マグロ（赤身）……50g
ボイル海老）……4 尾
ボイルいか……30g
ボイルたこ……50g
トマト（湯むきして角切り）……1 個
きゅうり……1 本　　アボカド（一口大）……1 個
バジルペースト（27p 参照）……お好みで
レモン（皮をむいて小角切り）……1 個分
塩＆胡椒……少々　　パプリカパウダー……お好みで
粉チーズ……適量

1 しっとりパンを作る。

2 別のボールにオリーブオイル、アンチョビ、食べやすい大きさに切ったマグロ、海老、いか、たこ、トマト、きゅうり、アボカド、バジルペースト、レモンを入れ、塩＆胡椒、お好みでパプリカパウダーと混ぜ合わせる。

3 2に1を入れ、粉チーズと混ぜ合わせる。

あとがき

僕が子供のころ、母は毎朝、洗濯をして朝ごはんを用意し、7時に自宅を出て、車で40分かけて三つ隣町の工場へ通っていた。

毎日2時間の残業をこなし、帰りにスーパーで買い物をして帰宅。それからお腹を空かしている僕たちに夕食の準備をしてくれた。家族の楽しいひとときが始まるのはいつも夜の8時過ぎ。夕食が終わると片付けもお風呂もままならないまま、うとうとしていた母が思い浮かぶ。それが我が家の日常だった。

そのころ何を食べさせてもらっていたのか正直思い出せない。当時は今とは違いレトルトの種類も豊富ではなく、当然間に合わせのものがほとんどだっただろう。

だけど田舎育ちだったので、採れたての新鮮な野菜が一番贅沢な食事だったかもしれない。

僕の夢は、そんな母と妹に美味しい料理を作ってあげて一緒に食べることだった。

難しいことは考えず、誰にでも親しみやすく、素直に分かりやすい美味しい料理を作れるようになりたい。よく考えてみるとそれが始まりだった。15歳の時である。

僕は幼少の頃からずっと、近所のおじさんやおばさん、先生や友人など、周りにいる大勢の人たちに恵まれてきました。いつも気にかけてもらい、「頑張って！頑張って！」と声を掛けてもらえる、とても温かい環境の中で育ってきました。そのせいか、社会人になるころには「自分一人の人生ではない！僕は皆に応援されているんだ！」と勝手に思うようになり、心地良いプレッシャーの中、「何事も手抜きせず全力でやる！」と決意したことを懐かしく思い出します。

2000年に白馬に来たときは、誰一人知っている人がいませんでした。そんな中でスタートした信州の生活も、今では故郷より長くなりました。こちらに来てからも相変わらず、出会った方々に気にかけてもらい、応援してもらって今の自分がいます。これは本当にお金に代えられない僕の一番の財産です。感謝してもしきれない毎日です。

15歳の時から夢だった "簡単レシピ" をこうして本にできたことは、僕に寄り添っていてくれる多くの方々、そして料理の哲学と素晴らしさを教えてくださった僕の修業時代のグランシェフのお陰です。

本の制作にあたって、撮影場所など全面的にご協力いただきました株式会社シェラリゾートホテルズ、僕の分身のようなホテルシェラリゾート白馬、毎日お客様に楽しんでいただけるよう一緒に汗をかいてくれている全セクションのスタッフに心から感謝します。そしてシェラリゾートの創業者であり、僕の一生涯の恩人である天国の富原寛さん。この本を見ていただきたかった…。

実は本を作り始めた当初、肩に力が入り過ぎ、僕の想いと料理のイメージが整理出来ず、2年近くも苦戦してしまいました。そんな僕の肩の力を親切丁寧にほぐしてくれた信濃毎日新聞社出版部の山崎紀子さんには本当に感謝しています。撮影がスタートしてから1年間、大変お世話になったデザイナーの庄村友里さん、納得がいくまでずっと写真を撮ってくれた平松マキさん、本当にありがとうございました。

この本を手に取ってくださった皆さま、ありがとうございます。

一番こだわったのは、忙しく働いて帰宅した後でも短時間で美味しい食卓を演出できるような、そんな魔法のような美味しいレシピを作ることでした。一品、一品、それこそ1グラム単位までこだわり、心を込めて作成しました。シェフとしての僕の得意分野で、少しでも皆さんのお役に立ちたいという想いが伝われば嬉しく思います。

最後に、いつも安定した心で料理に集中出来るよう日々欠かさず細かく気遣い、優しく見守ってくれる妻、僕に元気をくれる可愛い子供たち、本当にありがとう。

金澤光久

金澤光久　Chef Pierre

1972年茨城県生まれ。

地元ホテルの洗い場スタッフとしてアルバイトしていた高校生の時、フランス料理の美しさと鍋に残ったソースの美味しさに感動してシェフを志す。料理の工程とその理由を質問攻めにするため、職場でのニックネームは「どうして坊や」。在学中の16歳から調理見習いとして修行開始。

卒業後、茨城県水戸市の老舗フランス料理店「西洋堂」、山梨県富士吉田市のレストラン「パインツリー」、神奈川県横浜市のシャトーレストラン「エクセレント・コースト」を経て、2000年ホテルシェラリゾート白馬入社。

2003年カナダ連邦政府農務・農産食品大臣賞受賞はじめ、2007年のスペイン・アンダルシア「コパ・ヘレス国際大会」など国内外の料理コンクール決勝に何度も出場。

2004年カナダ・ナイアガラカレッジ（オンタリオ州）、2005年「FOODEX JAPAN 2005」カナダ大使館パビリオンの料理講師を担当。

2018年より松本歯科大学主催「カムカムメニュー・写真コンテスト」の審査と総評に参加し、社会貢献・地域連携推進センターにも協力。長野調理製菓専門学校と松本調理師製菓師専門学校の特別講師のほか、こだわりの生産者の食材を使った料理教室、素材をモチーフにした講演会も人気を集めており、テレビ・ラジオにも出演多数。

現在は株式会社シェラリゾートホテルズのエグゼクティブシェフ。

シェフとしての愛称はピエール。多くの常連客やファンに親しまれている。

協　力　ホテルシェラリゾート白馬

撮　影　平松マキ
ブックデザイン　庄村友里
編　集　山崎紀子

たったこれだけでびっくりするほどおいしくなるコツ教えます

2021年11月 3 日　初版発行
2022年 3 月12日　第2刷発行

著　者　金澤光久
発　行　〒380-8546 長野市南県町657
　　　　TEL026-236-3377　FAX026-236-3096
印　刷　株式会社 シナノパブリッシングプレス
© Mitsuhisa Kanazawa 2021 Printed in Japan
ISBN978-4-7840-7384-9 C0077